Colorea por
números para
mindfulness

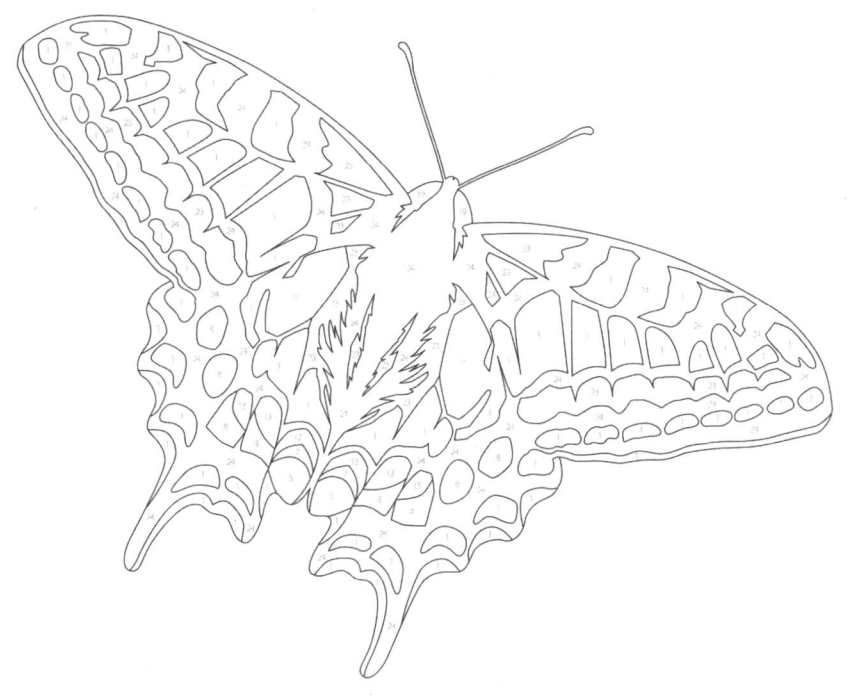

Colorea por números para
mindfulness

David Woodroffe

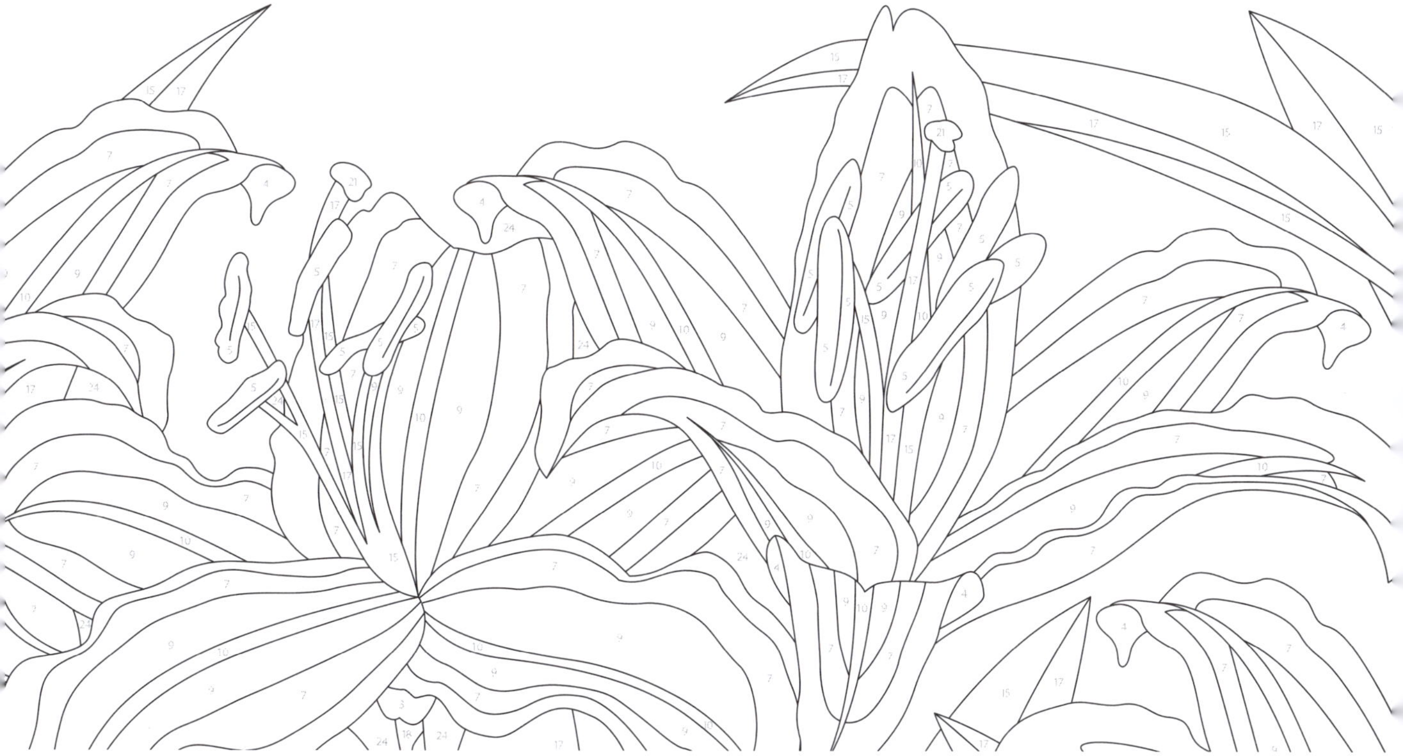

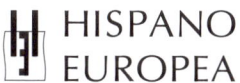

HISPANO
EUROPEA

Título de la edición original:
The Mindfulness colour by number

Publicado por primera vez en lengua inglesa por:
Arcturus Publishing Limited
26/27 Bickels Yard, 151–153 Bermondsey Street,
London SE1 3HA

Depósito Legal: B. 7785-2016

ISBN: 978-84-255-2132-4

Consulte nuestra web:

www.hispanoeuropea.com

Impreso en España por:
ARLEQUIN & PIERROT, S.L.

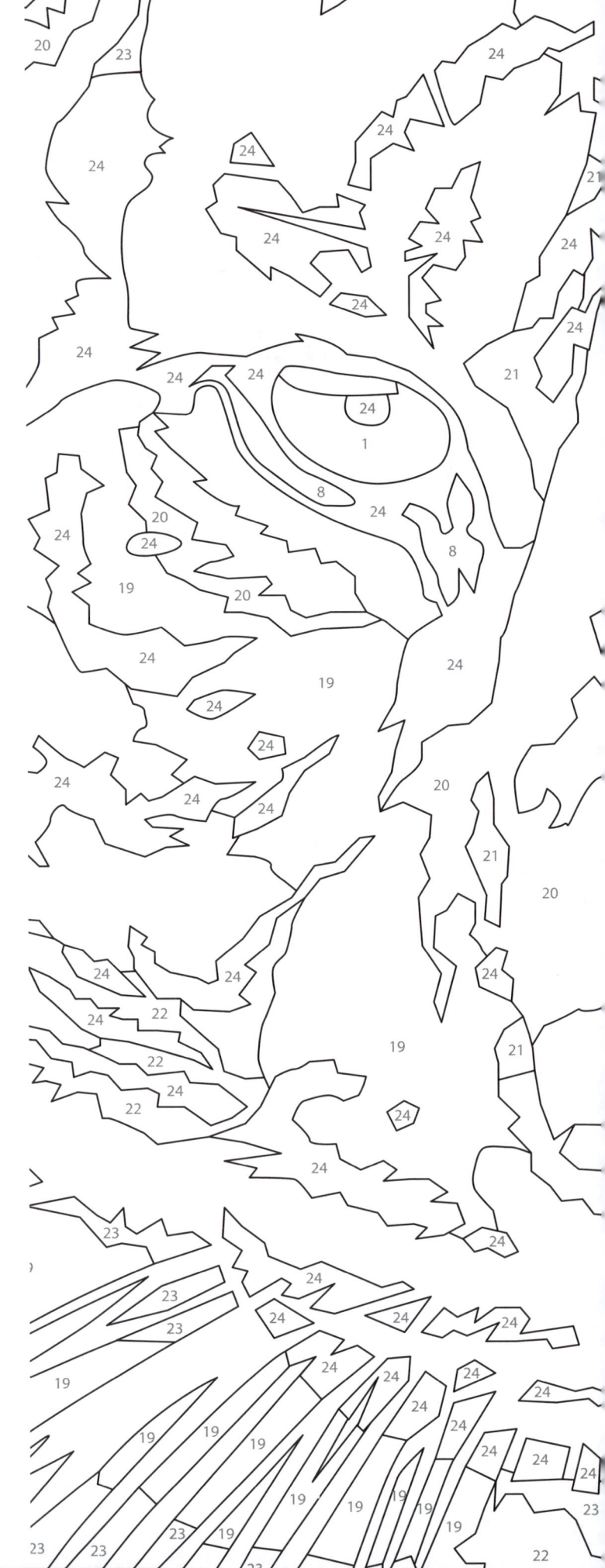

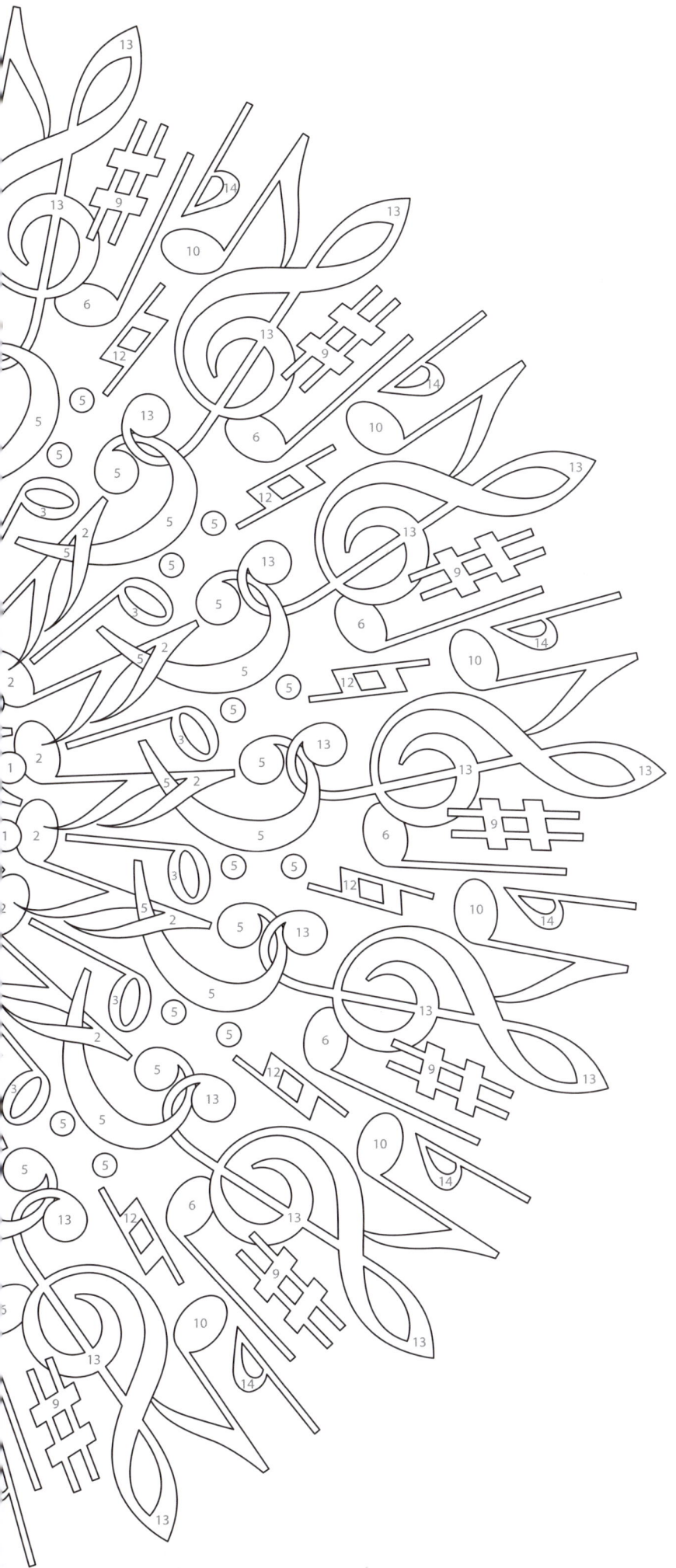

INTRODUCCIÓN

Descubre lo mucho que te gusta colorear y disfrutar del momento con este fantástico libro de colorear imágenes por números para lograr una sensación de *mindfulness* o plenitud mental. Cada dibujo está numerado de manera que, siguiendo la clave, puedas hacer que el tema cobre vida y consigas obras artísticas dignas de ser admiradas. Busca entre tus lápices los colores que más se aproximen a los que figuran en la clave de colores que encontrarás en el interior de la segunda solapa. Incluso puedes etiquetar los lápices con un número para que el proceso sea más sencillo. Las creaciones requieren concentración, tiempo y atención, sobre todo al colorear las zonas más pequeñas. Por eso, ¡no te precipites y diviértete coloreando! ¡Verás que es muy gratificante y relajante!

Las imágenes están inspiradas en el mundo natural, en el arte, la música y la meditación, además de estampados e ilusiones ópticas. Todas han sido diseñadas para captar tu atención, tu concentración y ayudarte a ser consciente de toda la diversidad que te rodea.

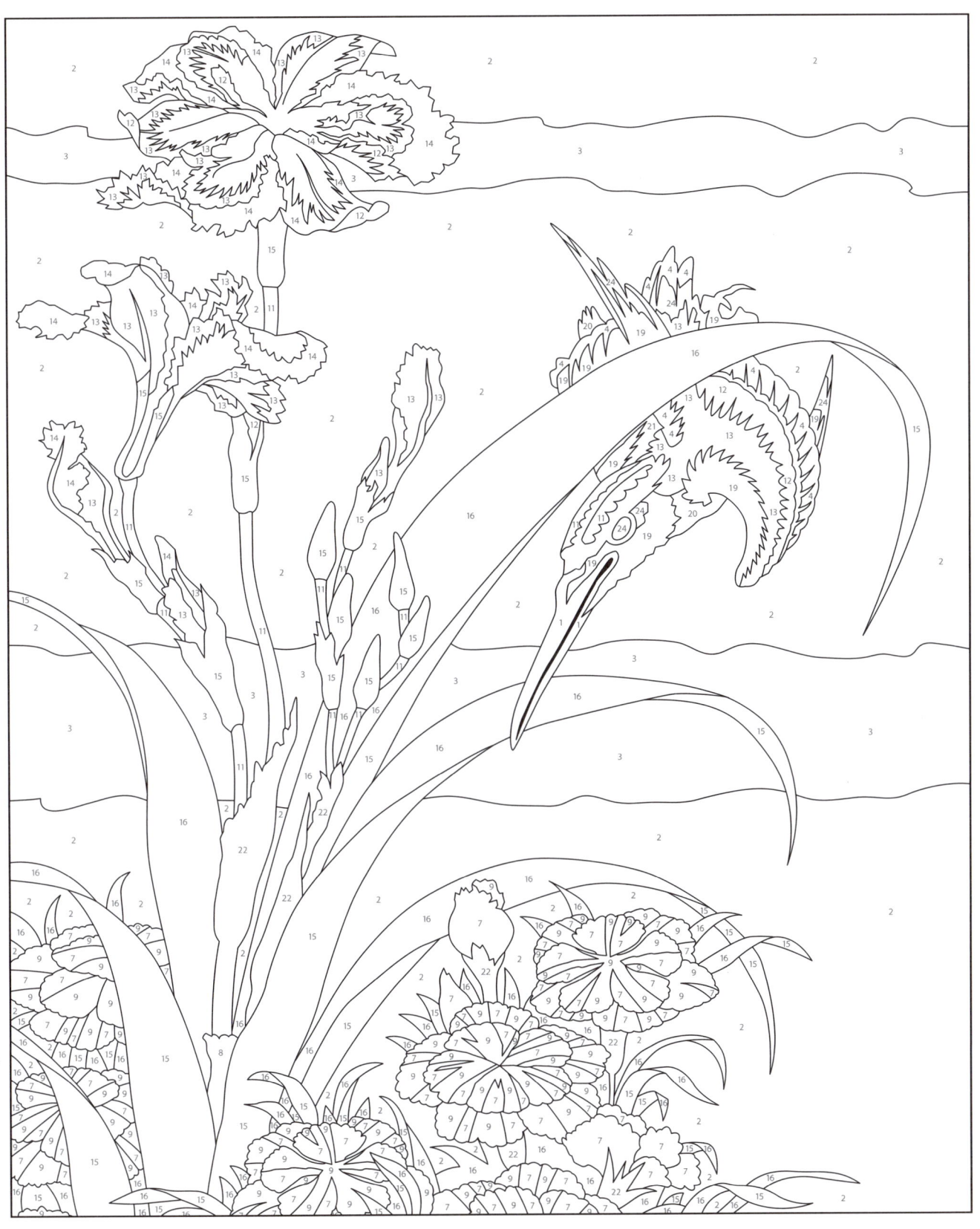

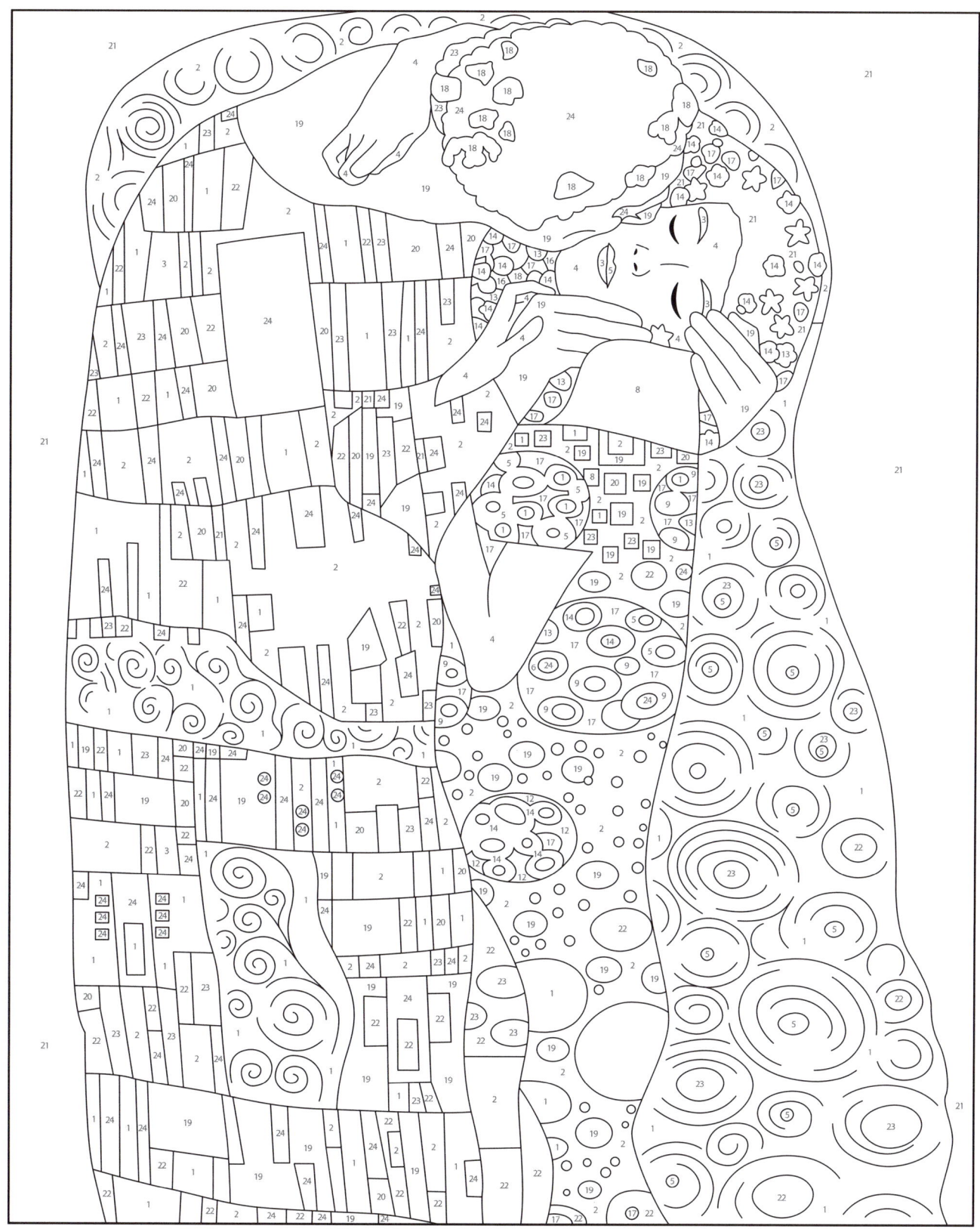

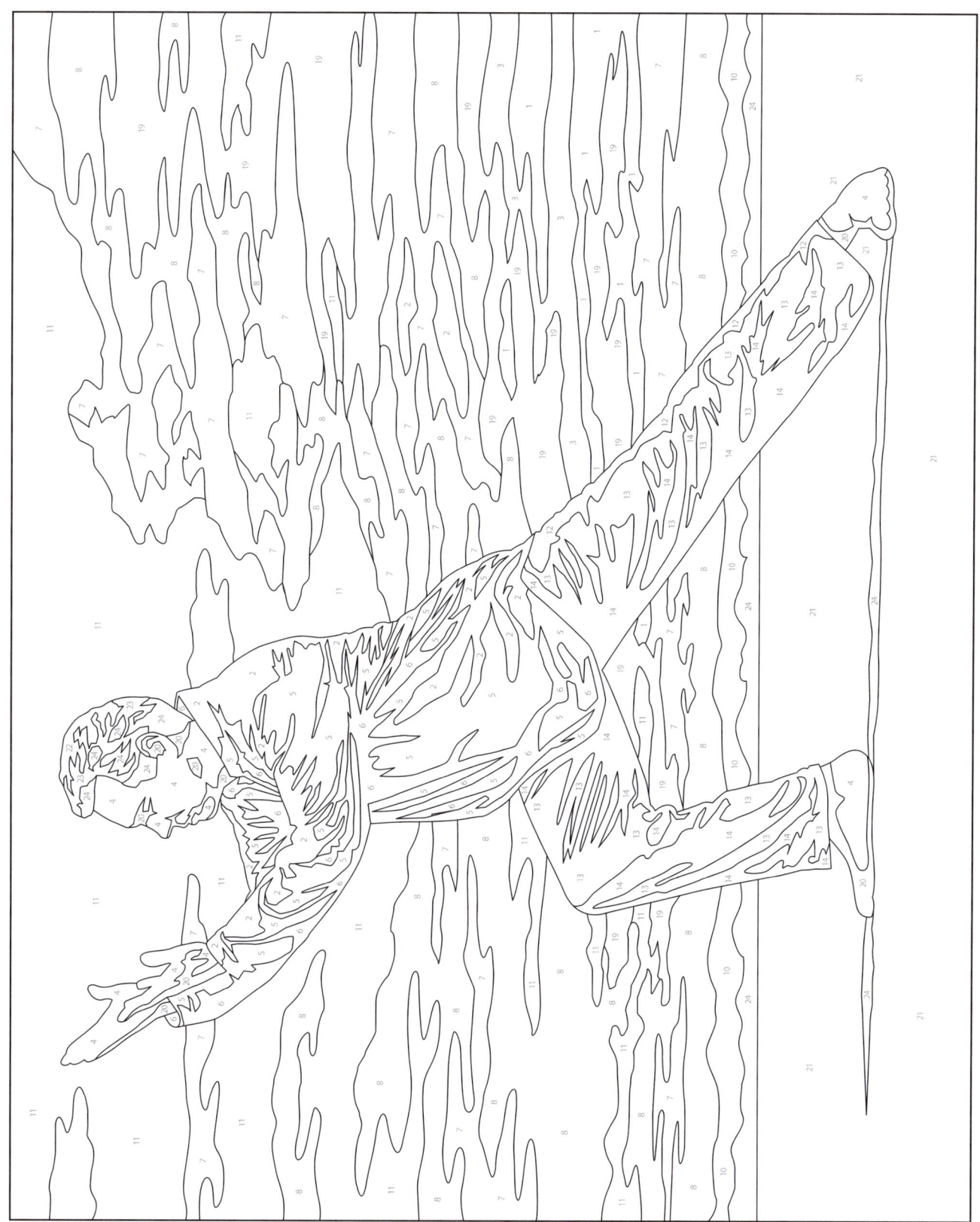

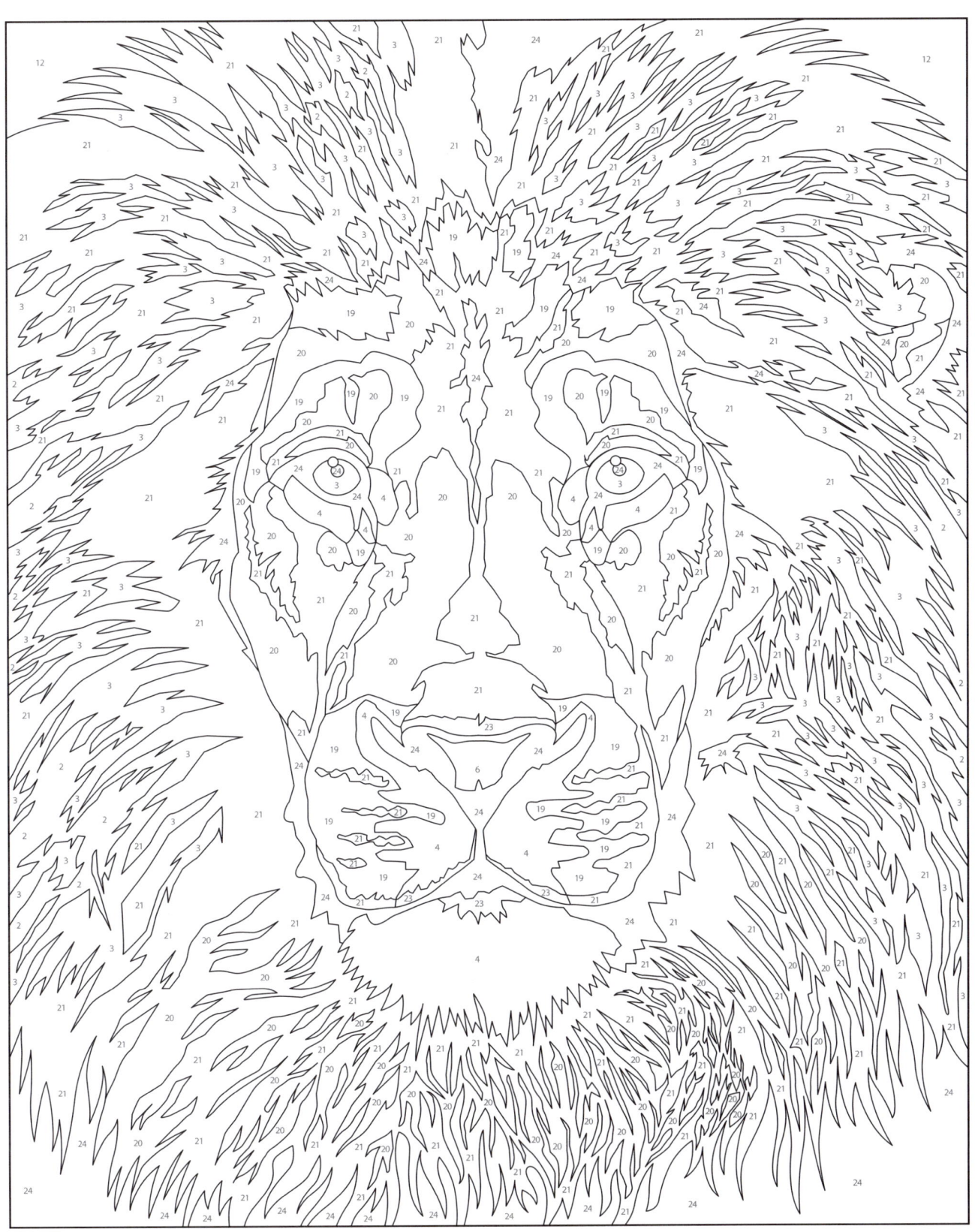

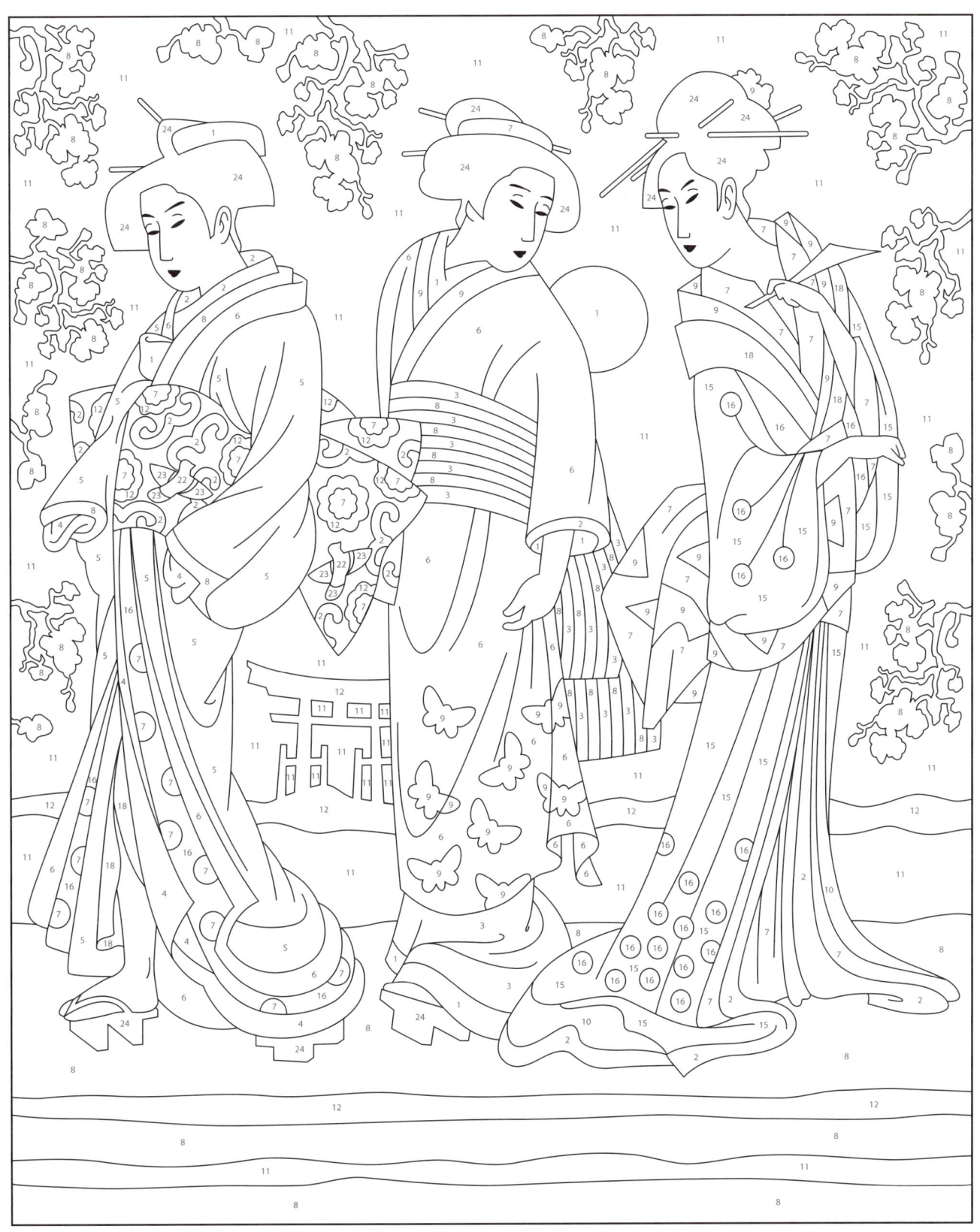

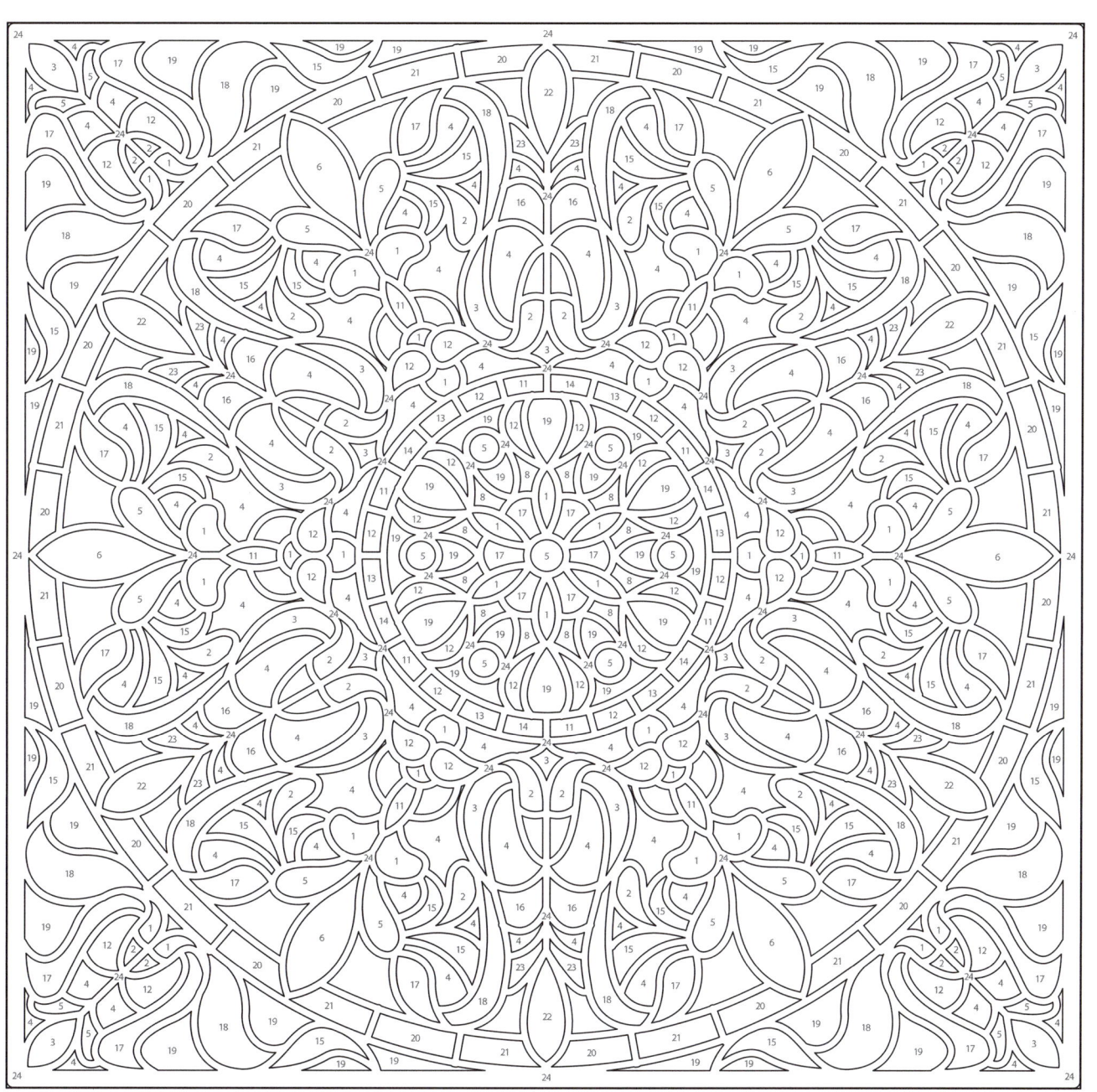

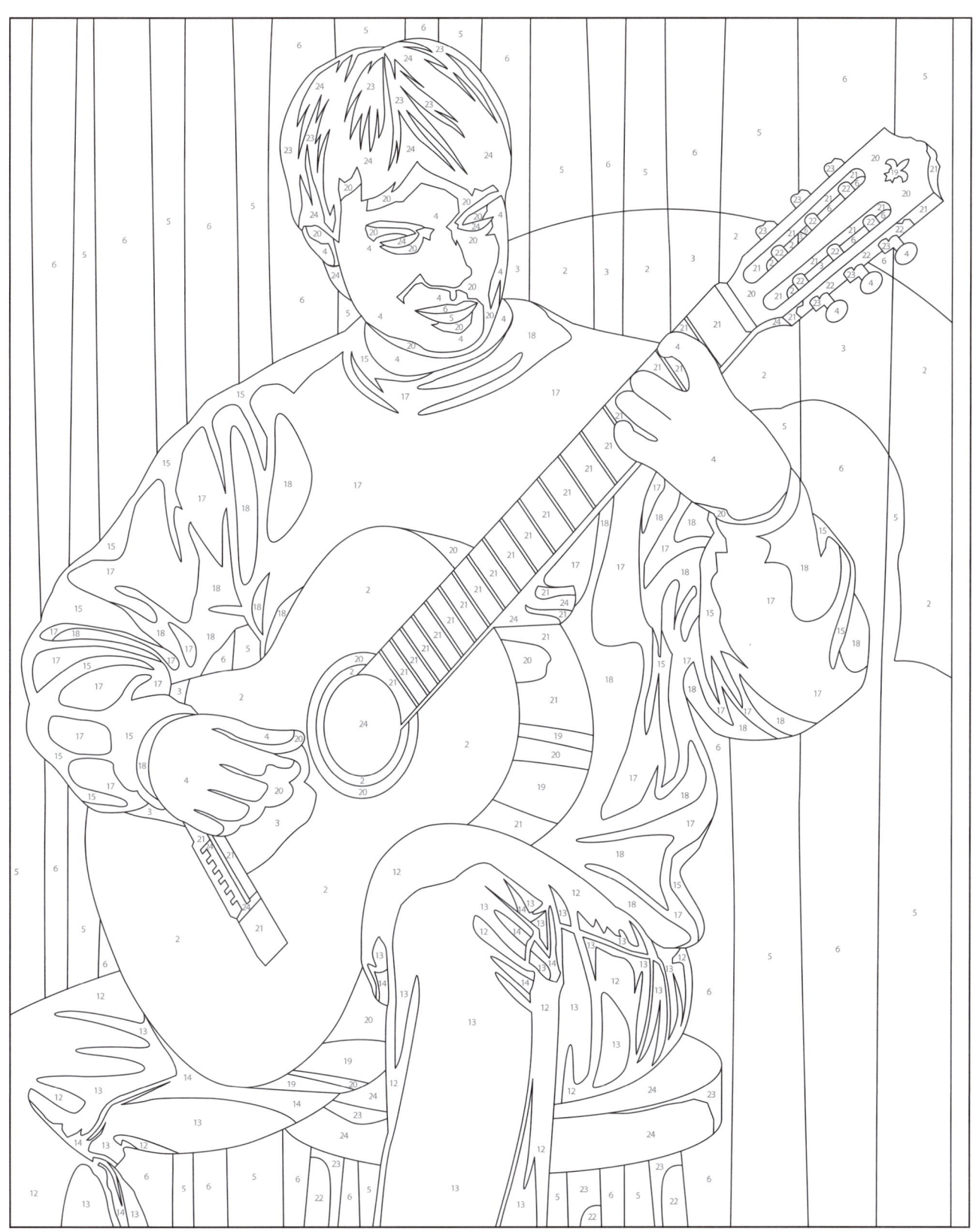

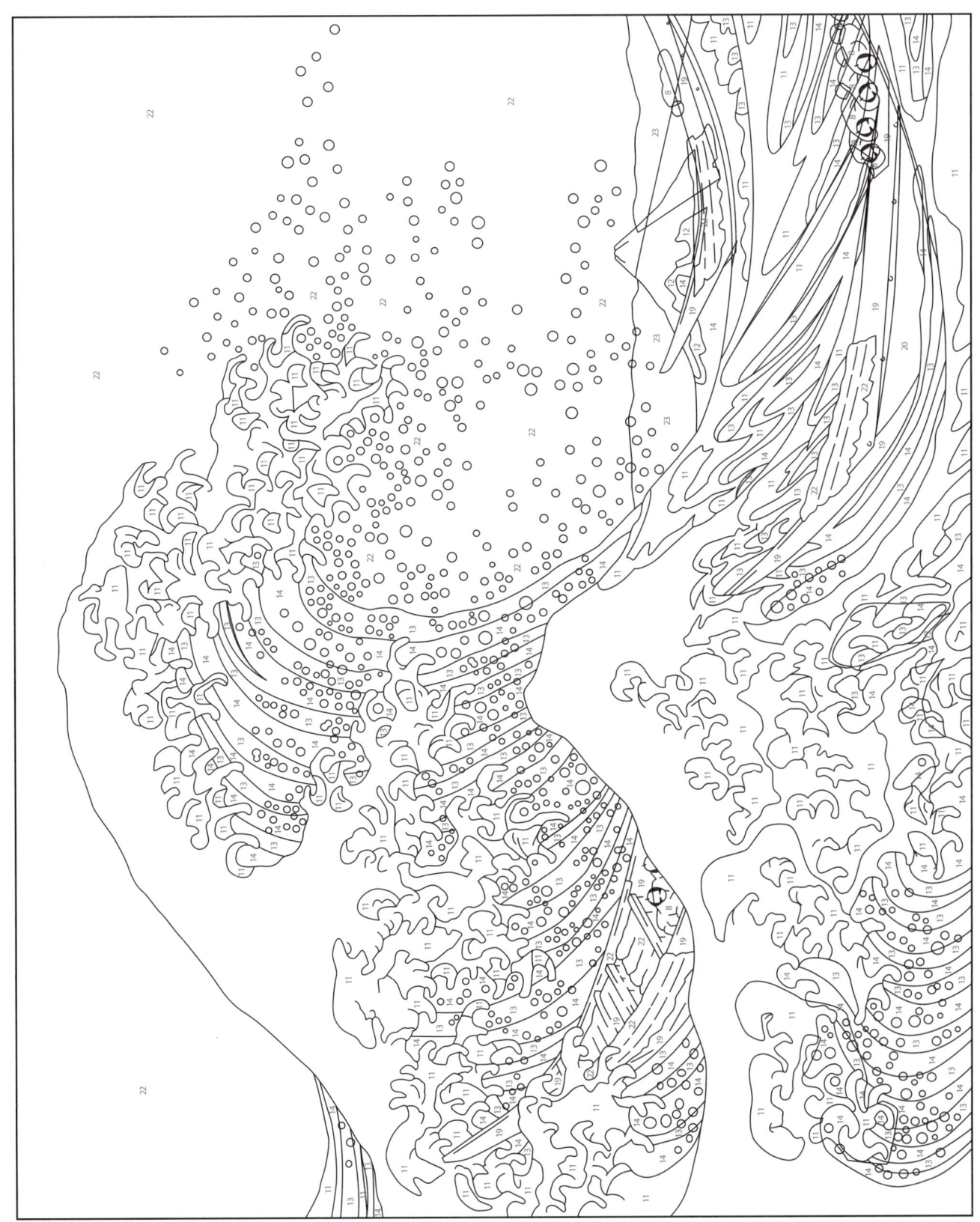

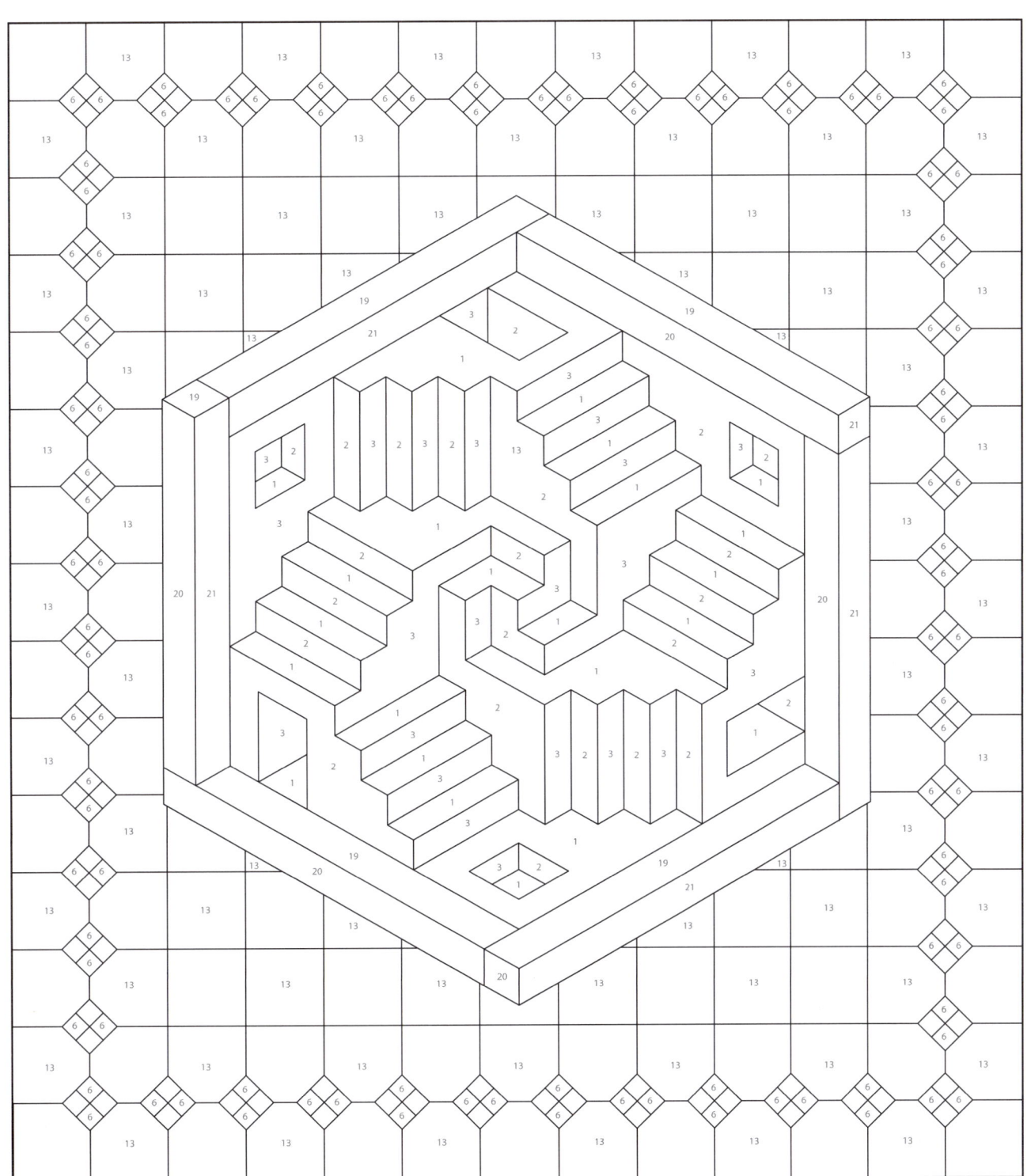

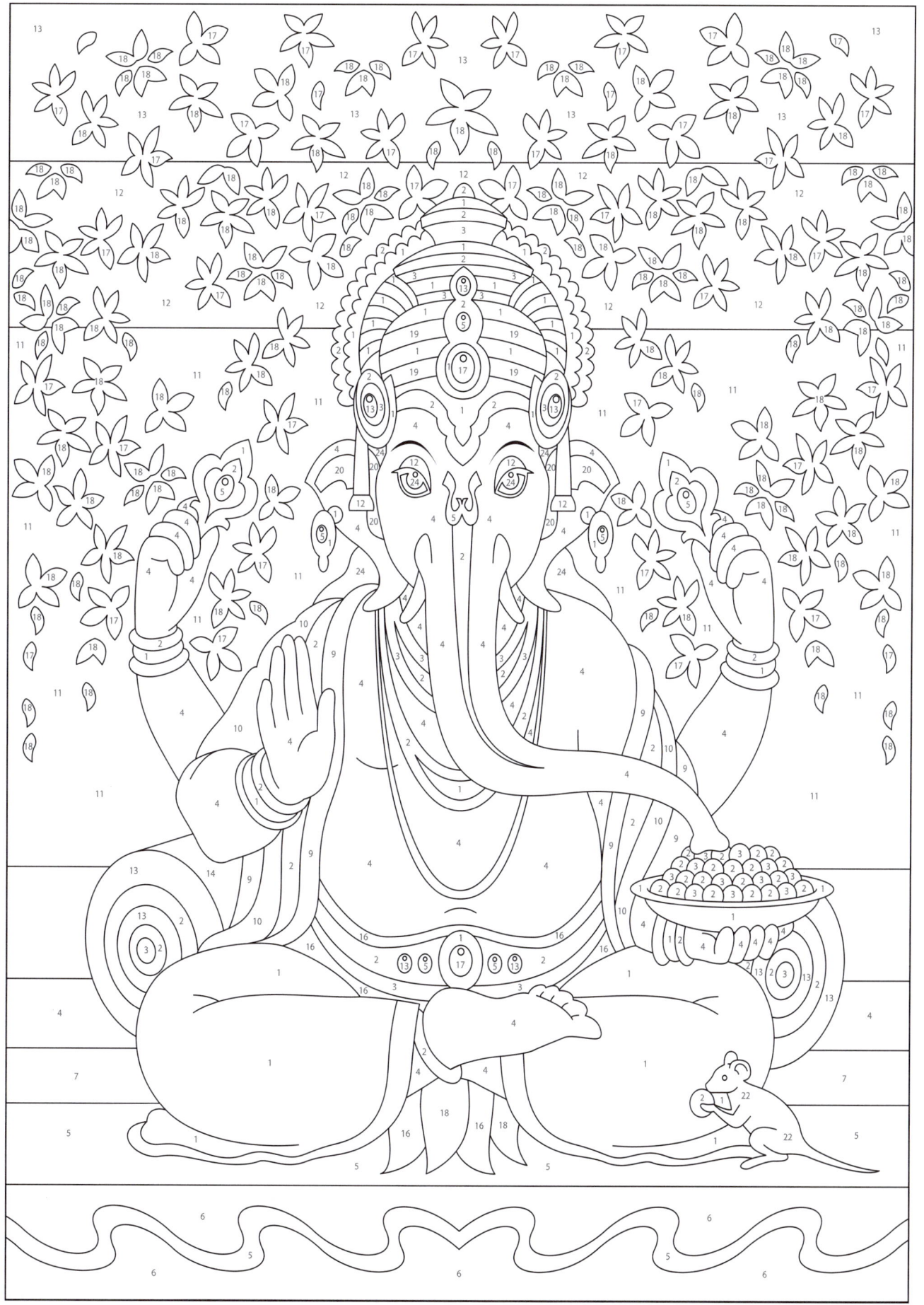

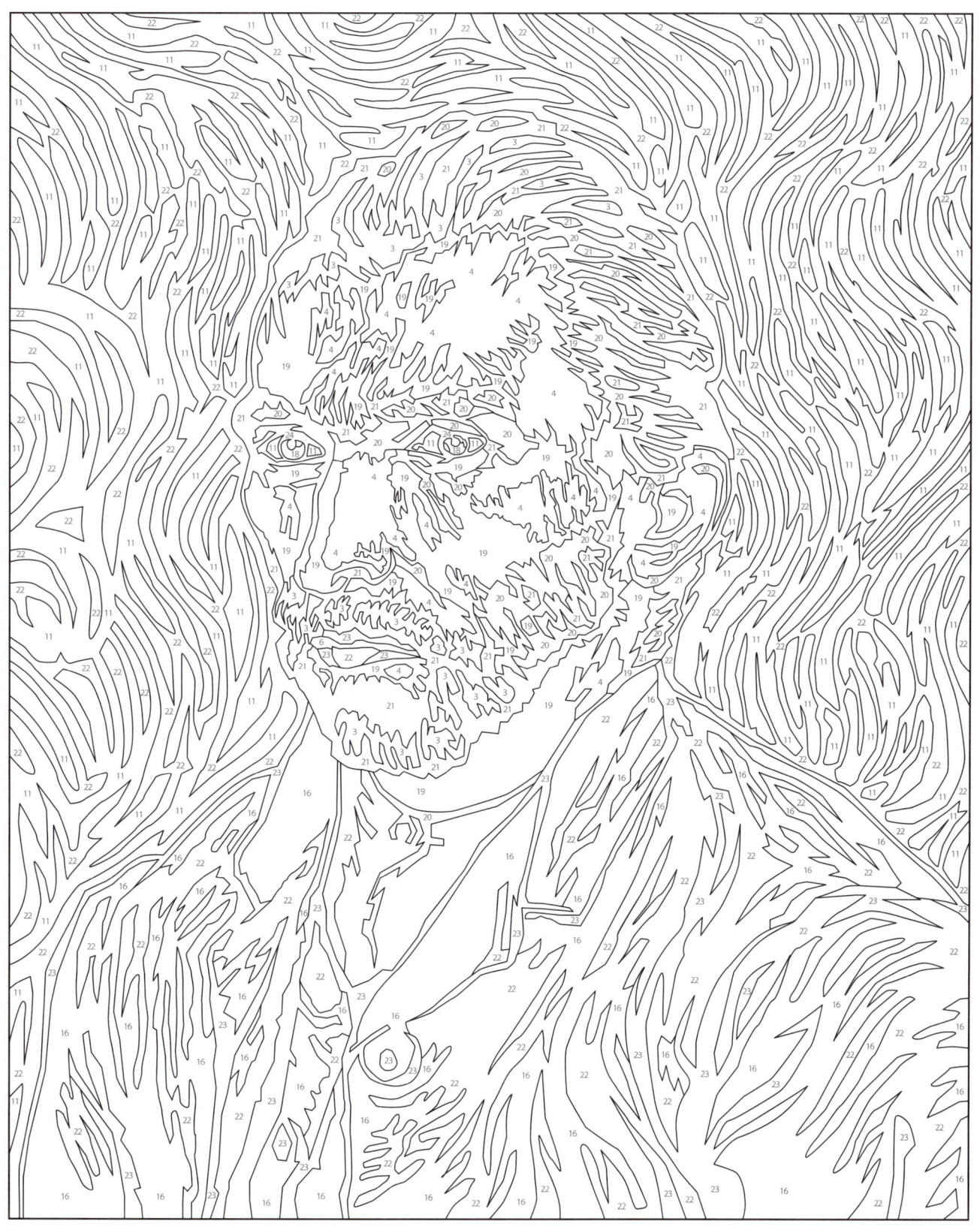

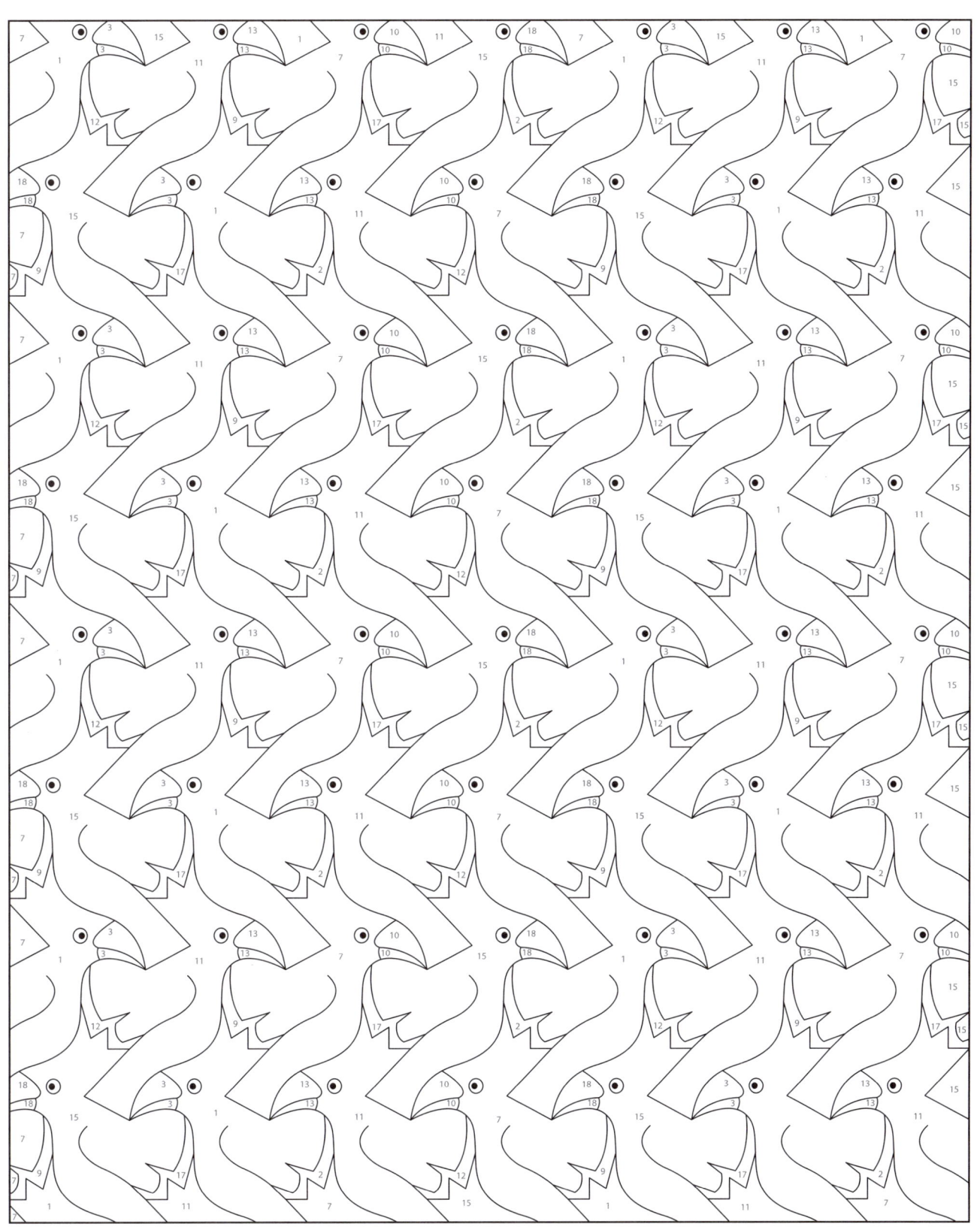

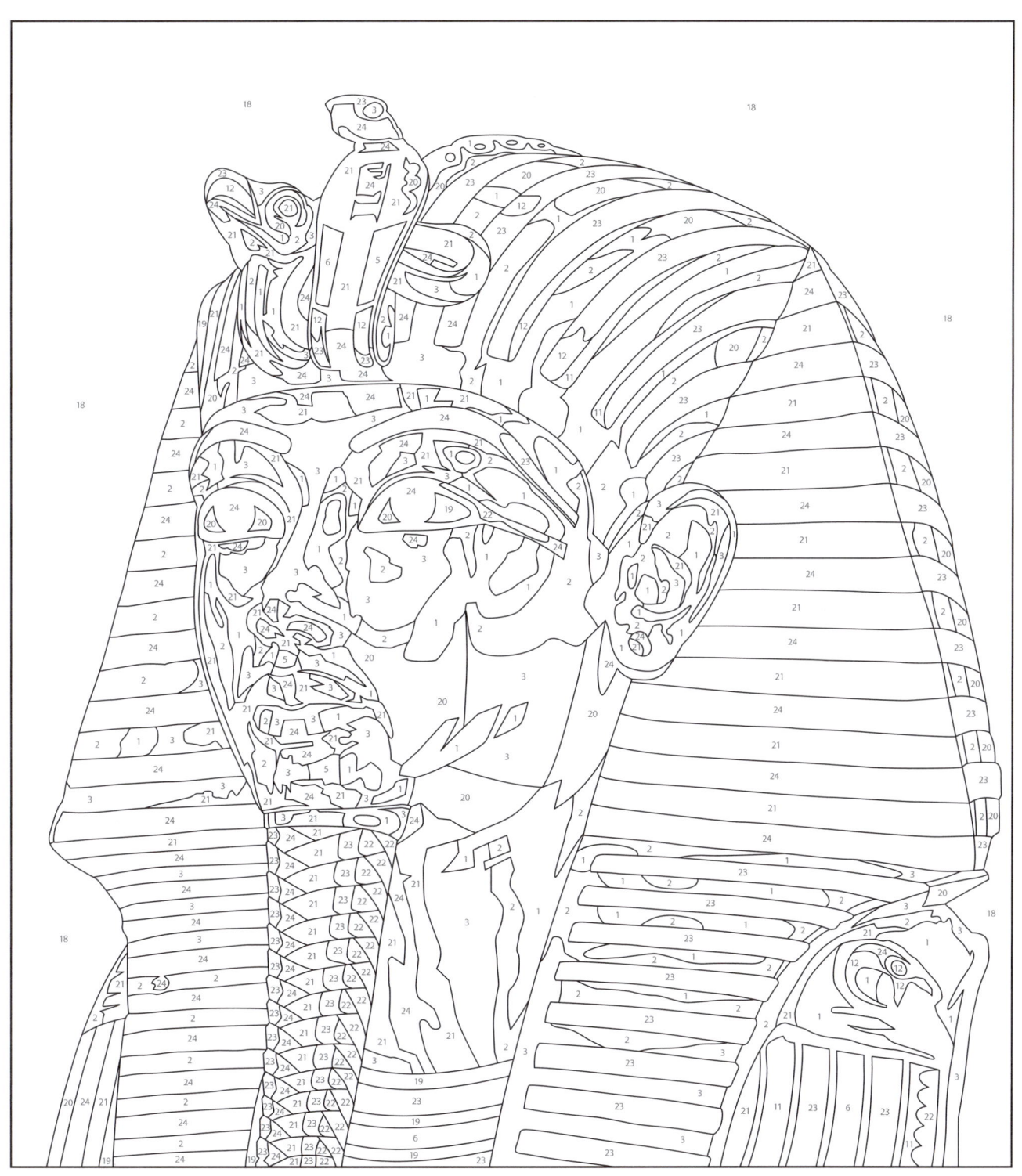

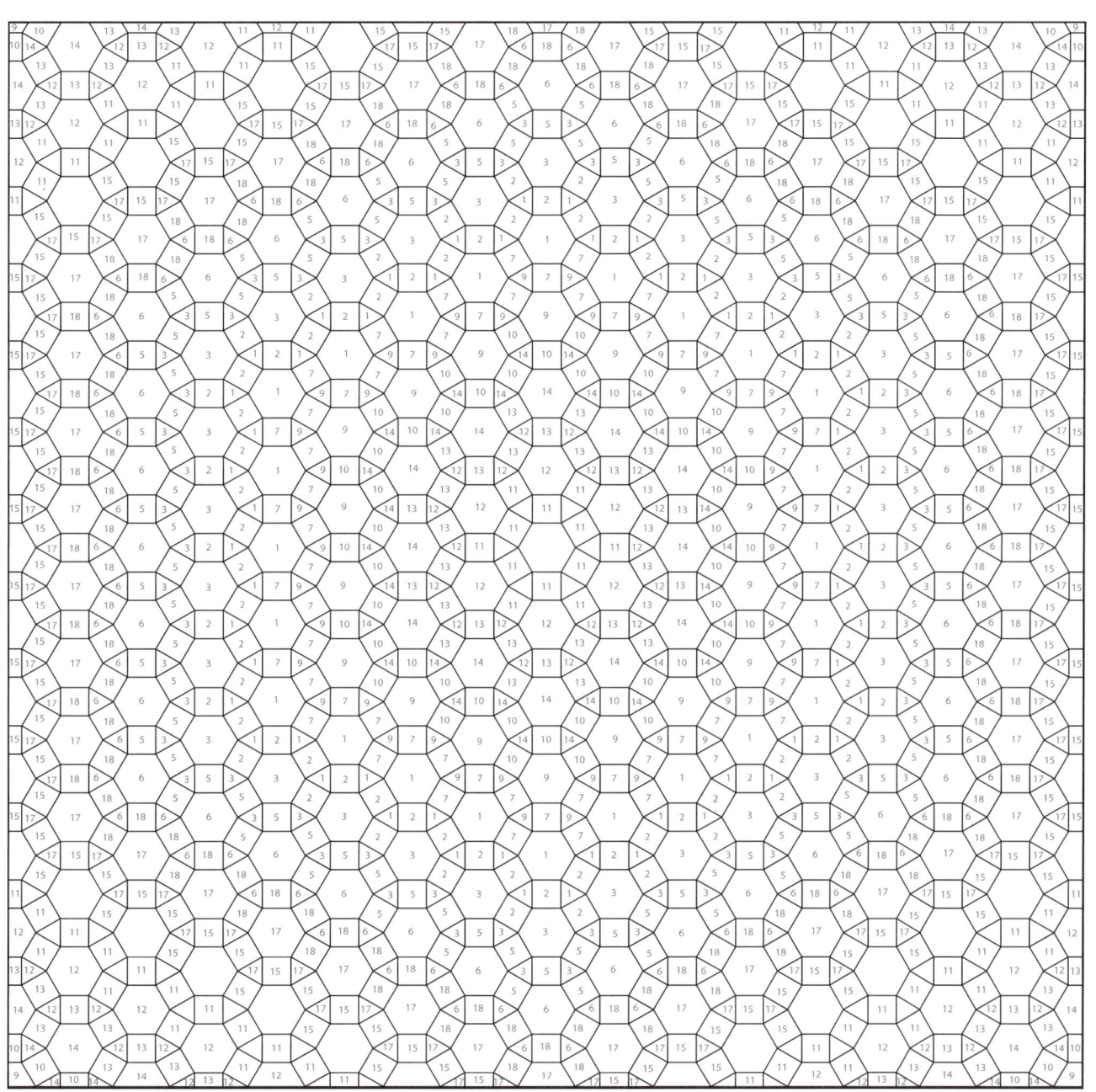

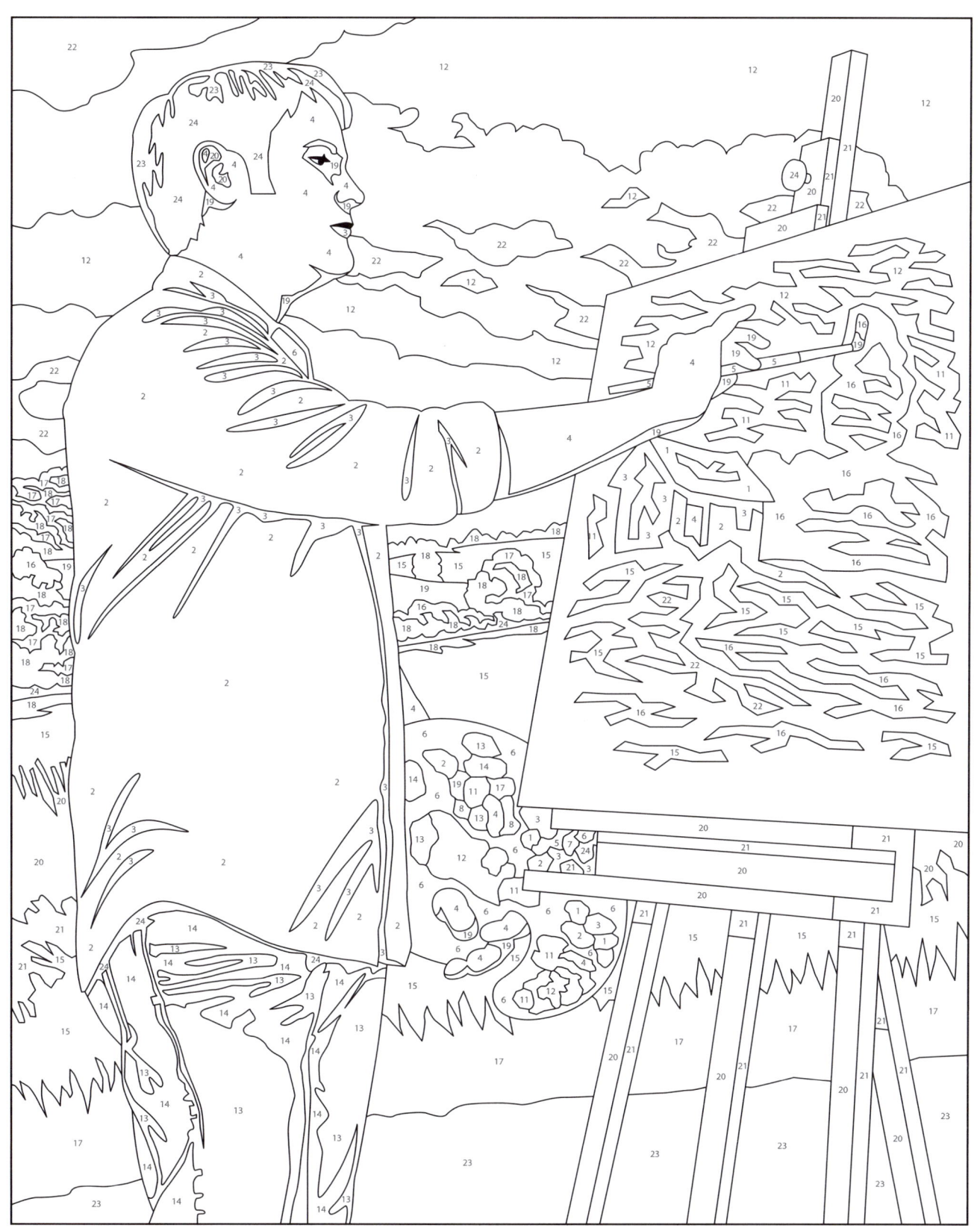

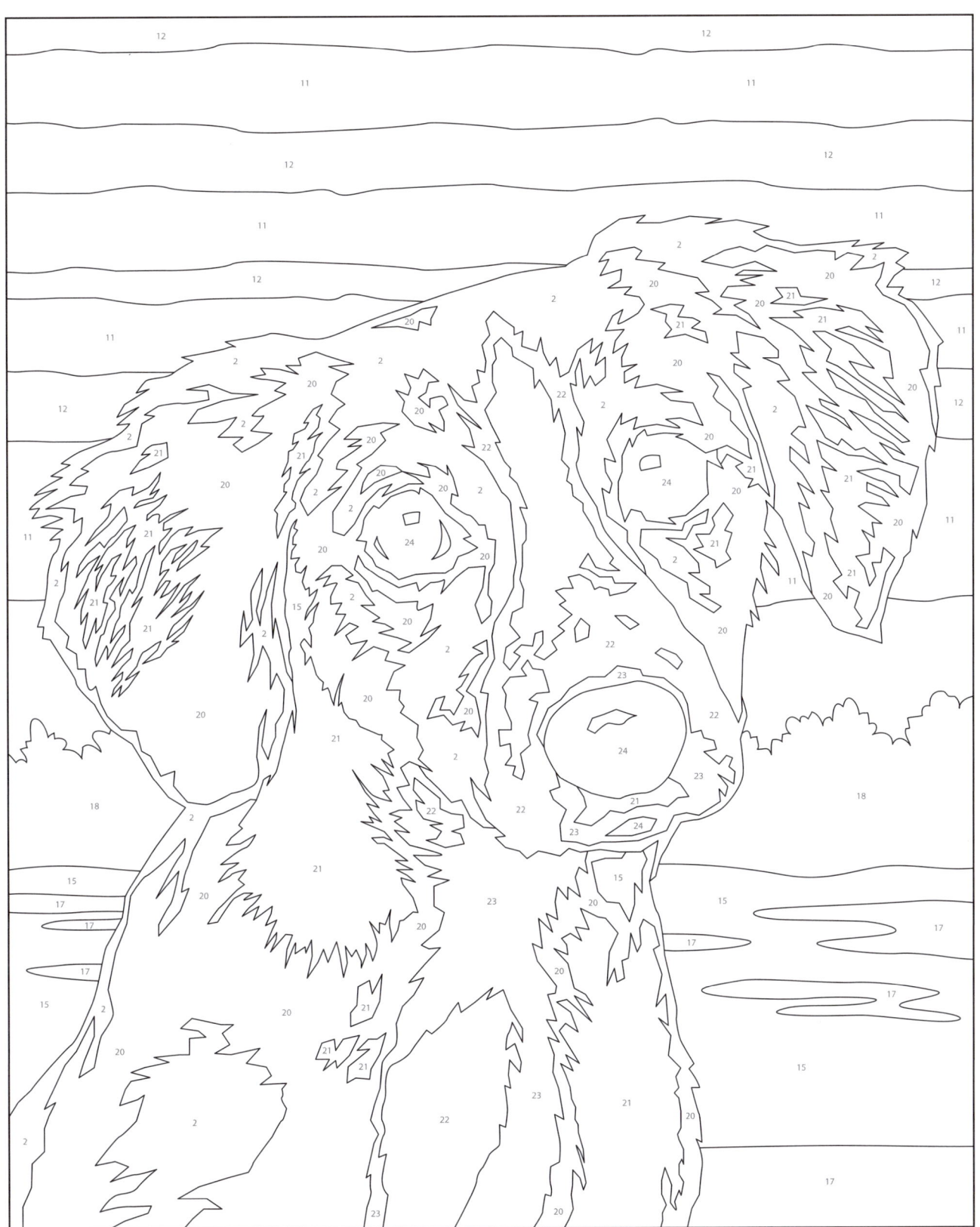

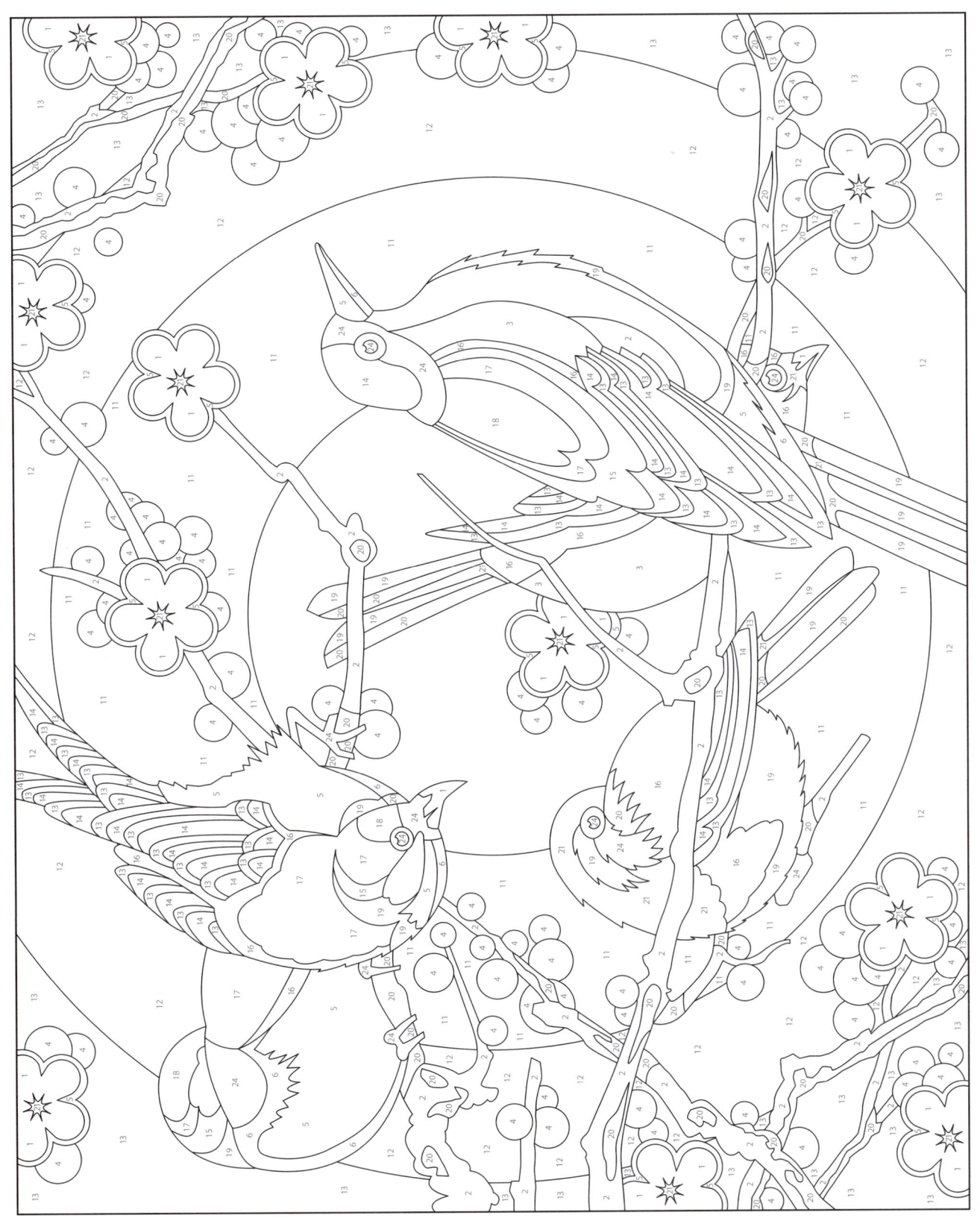

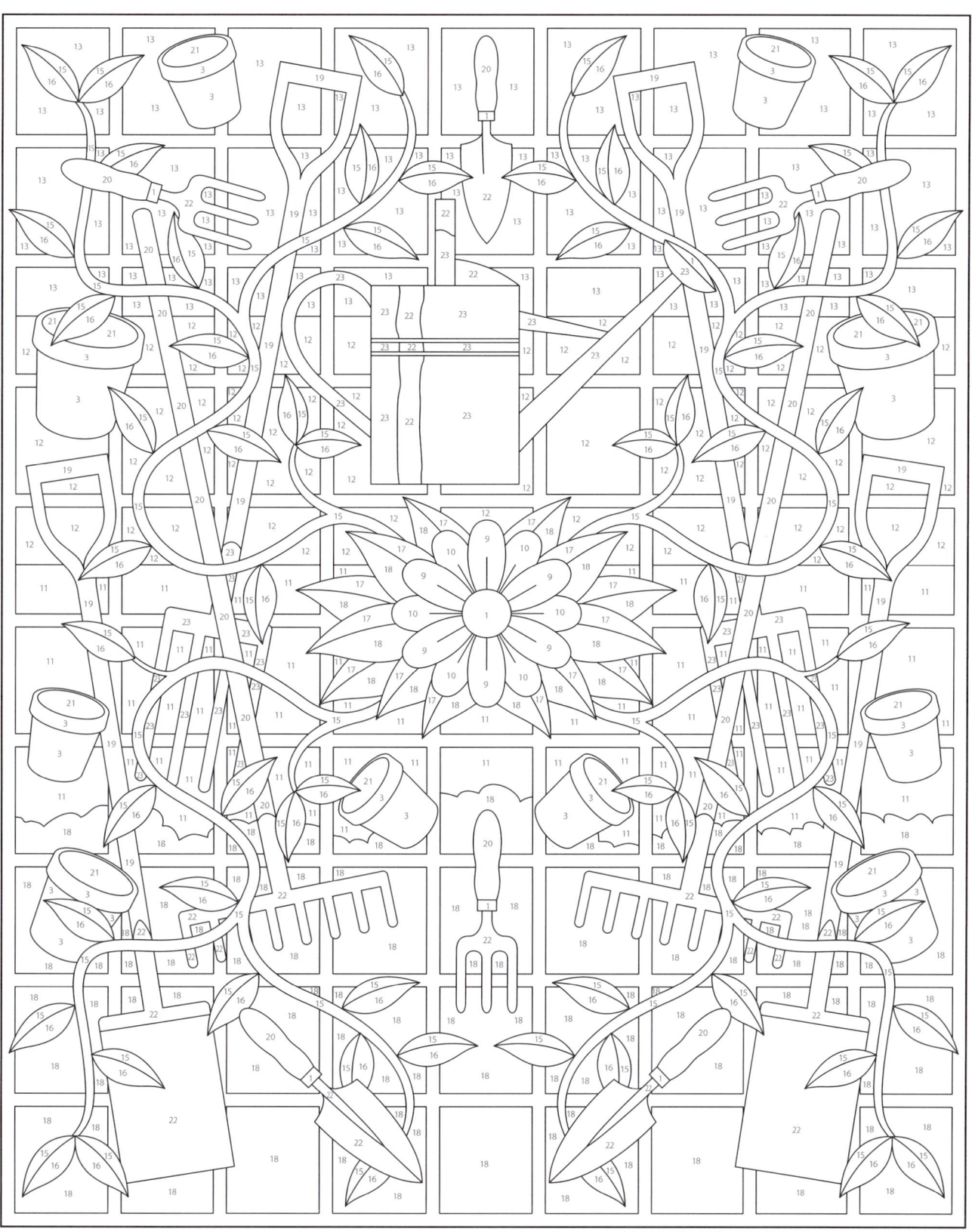

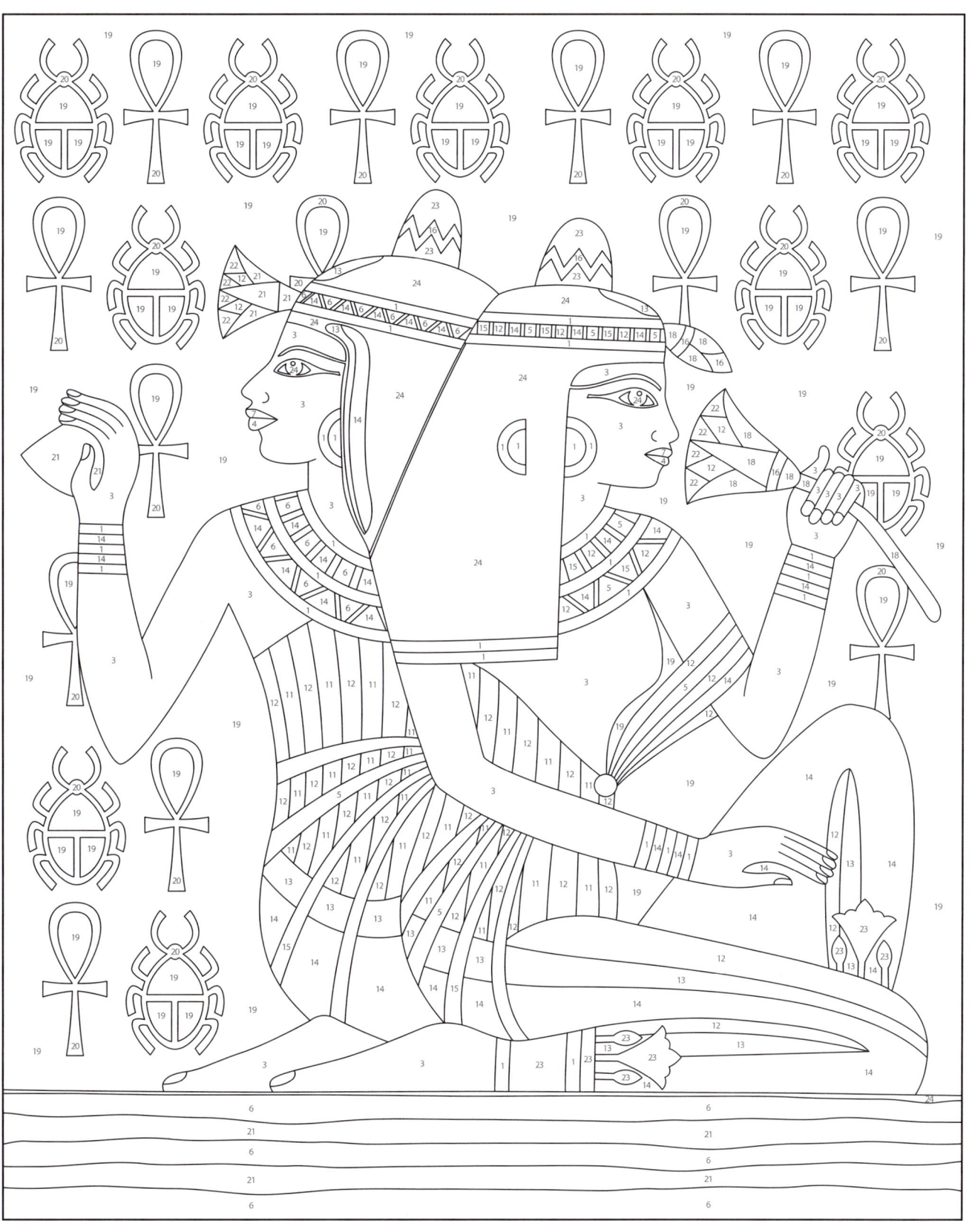

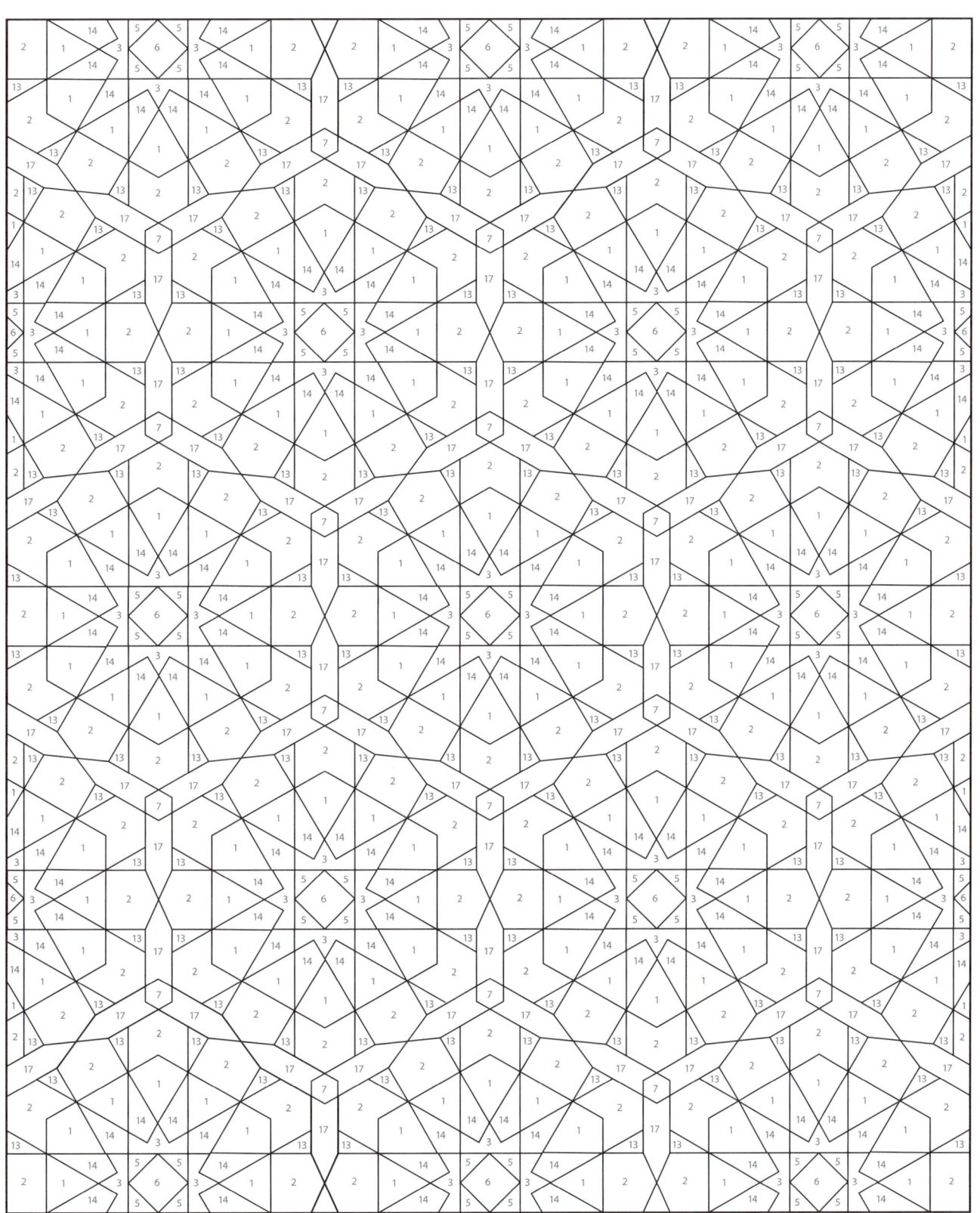

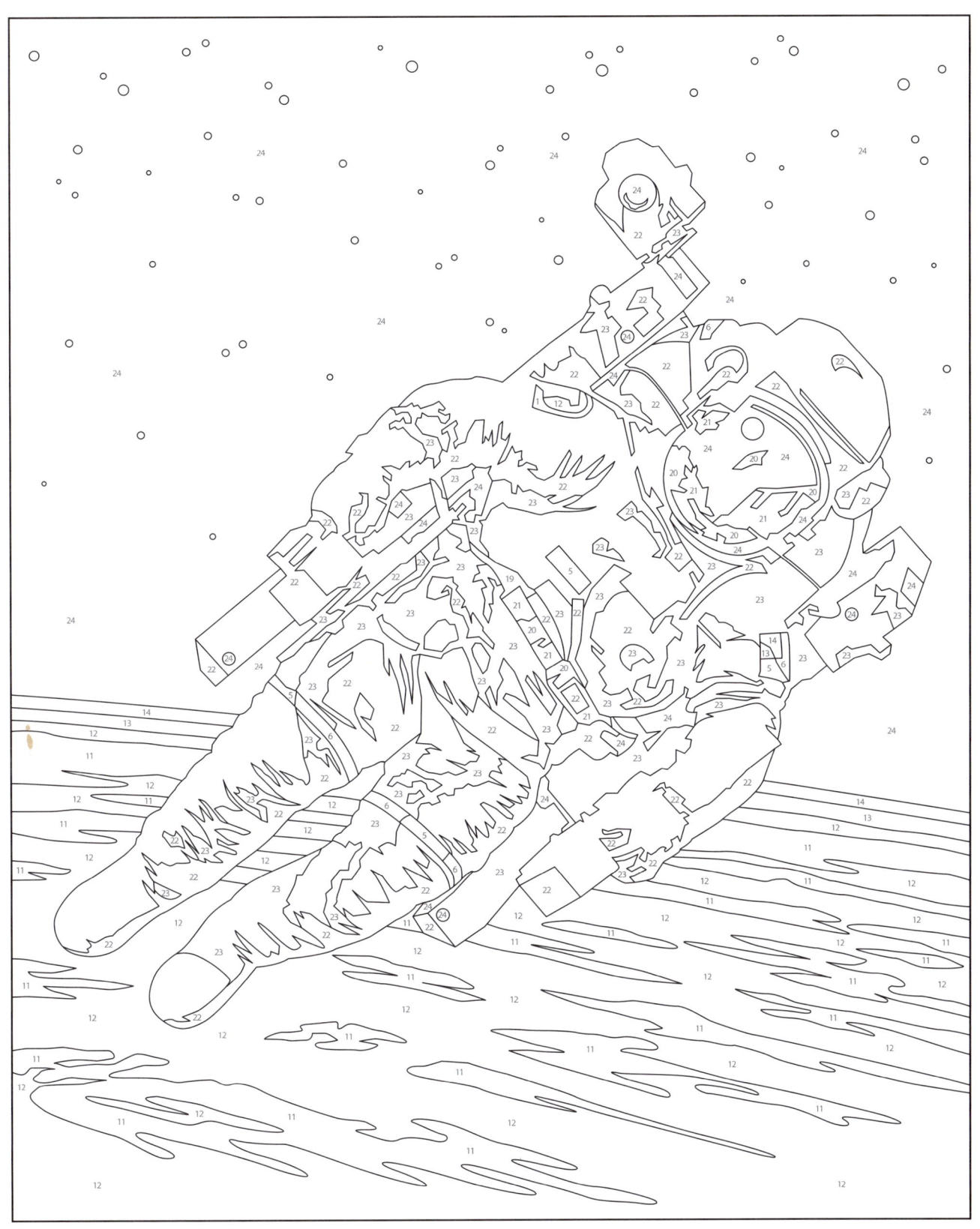

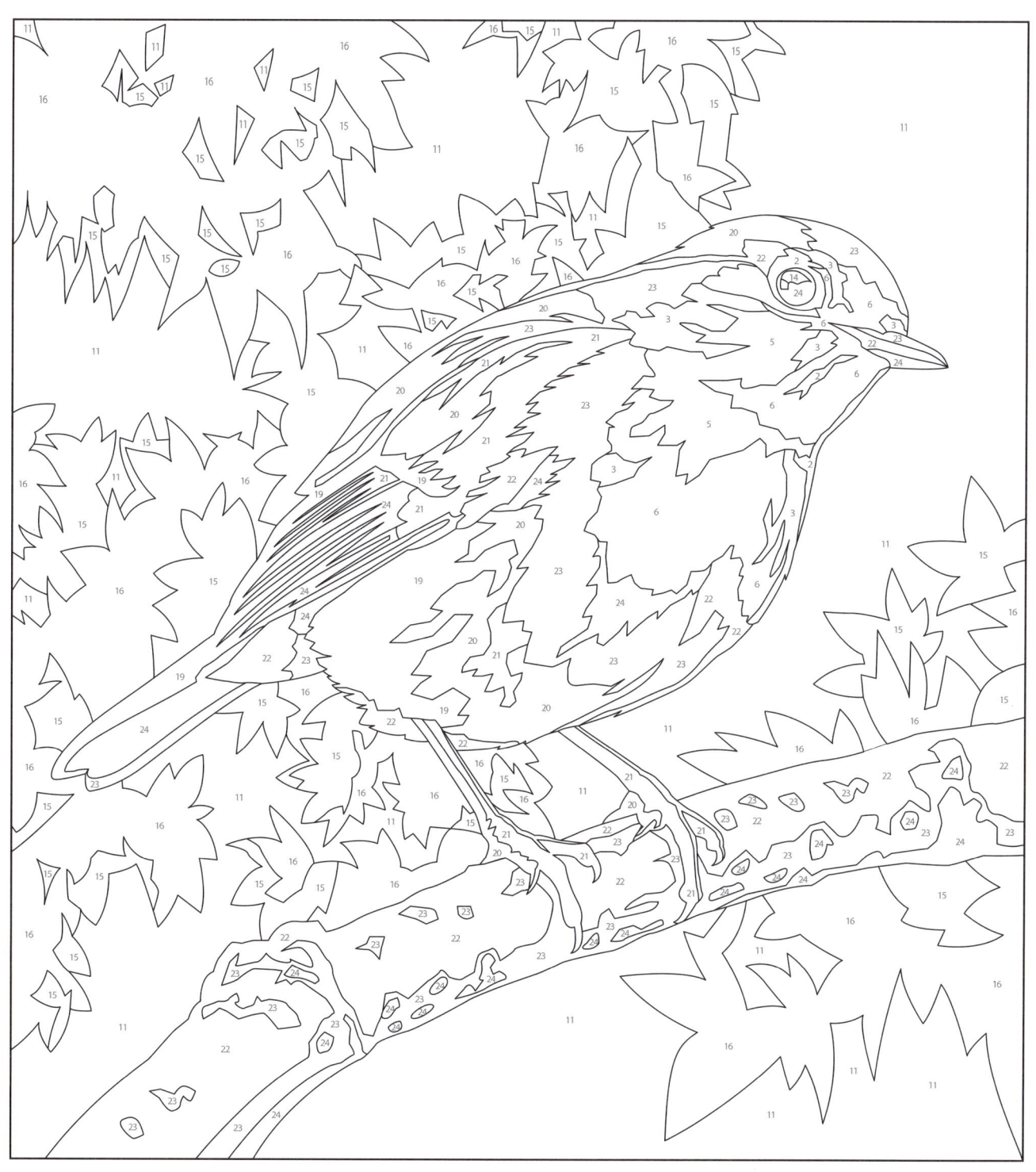

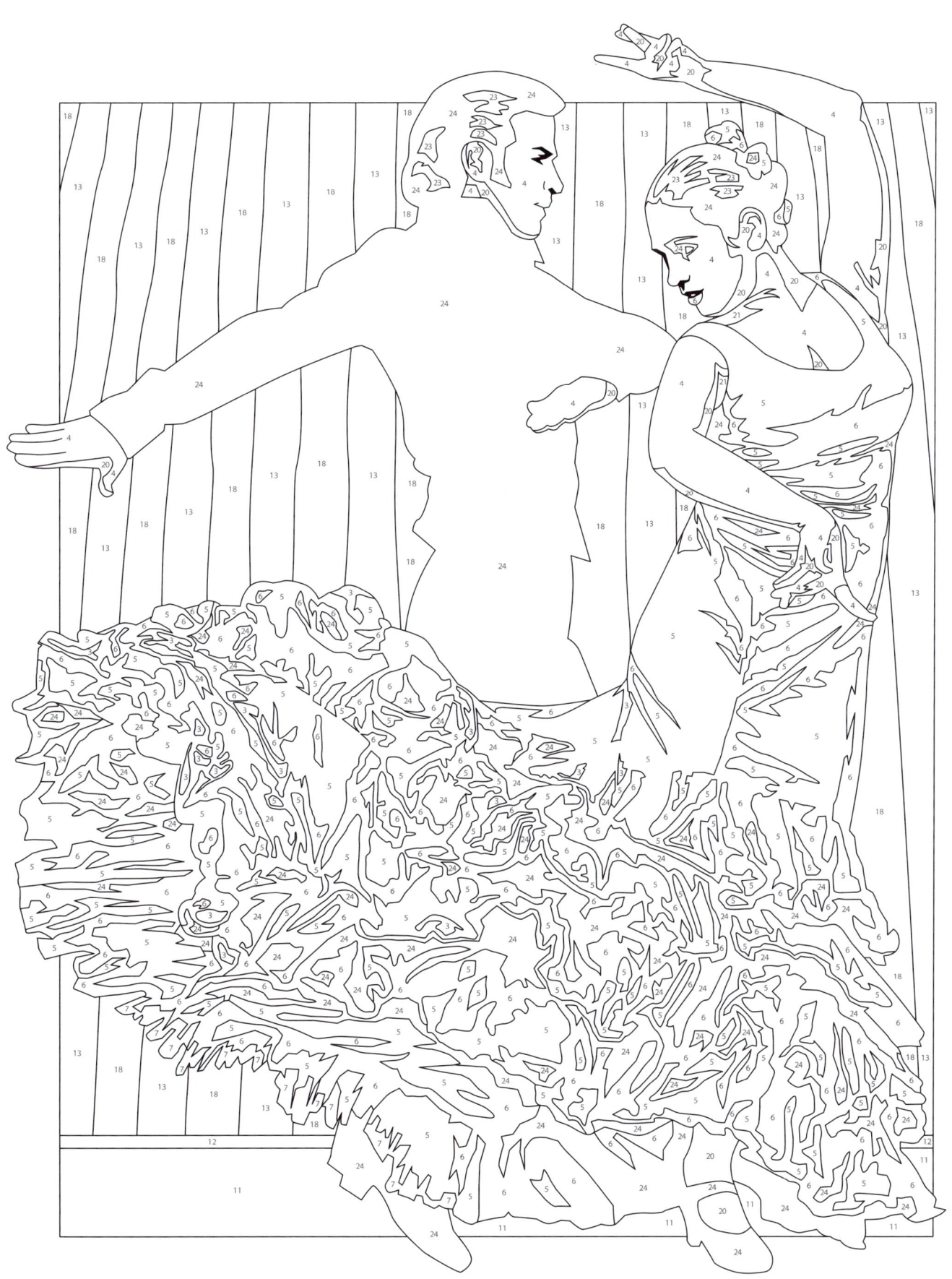

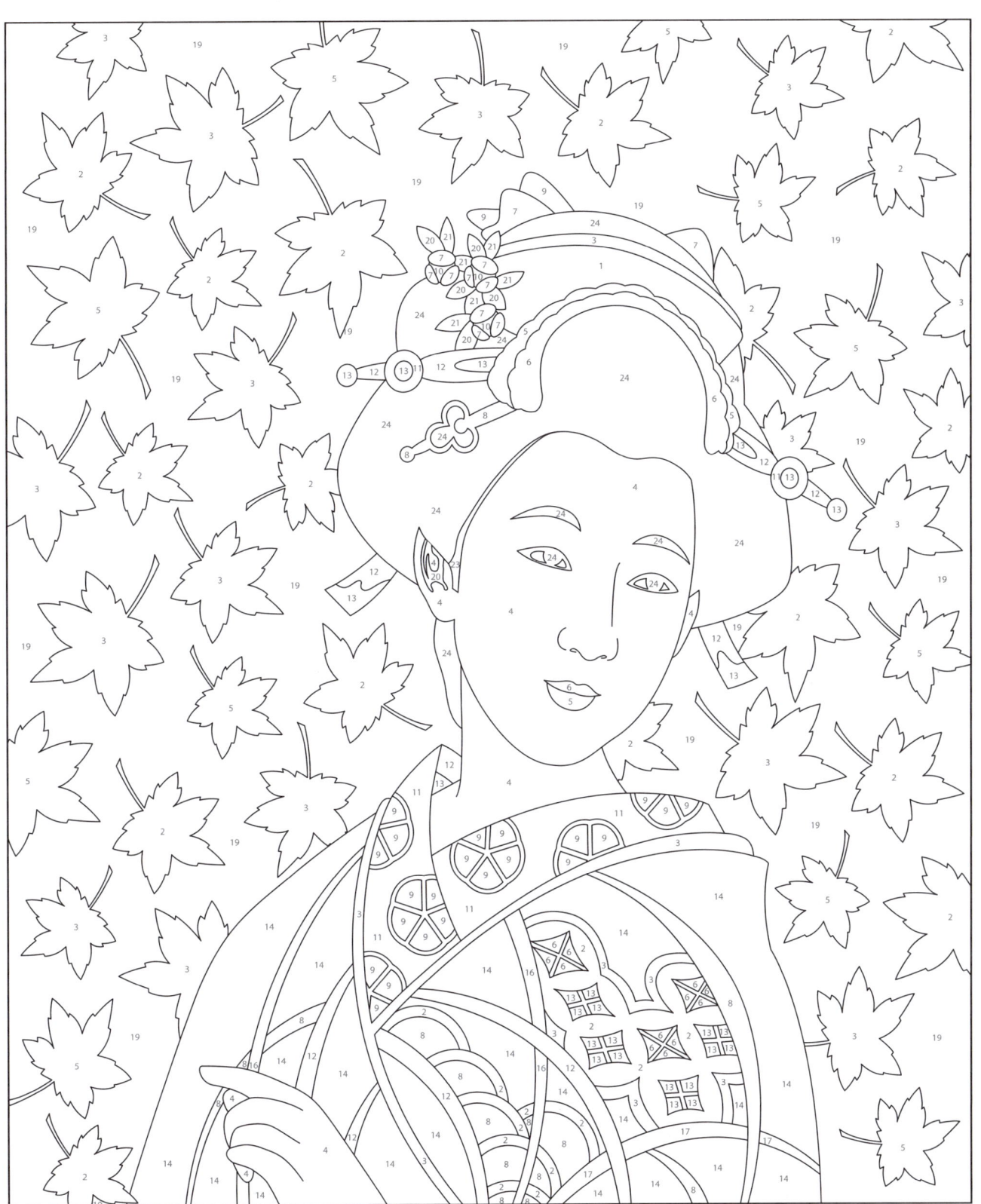

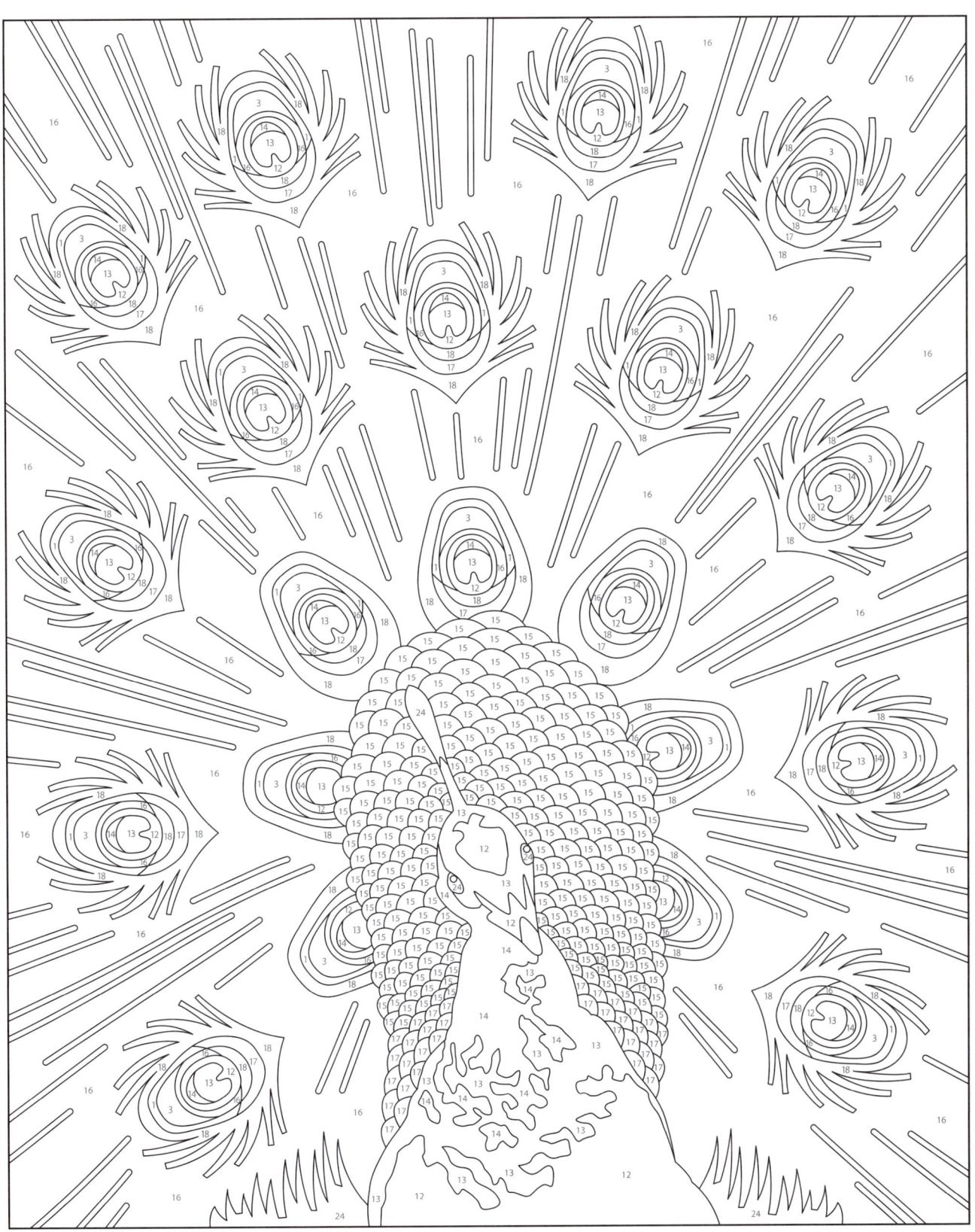

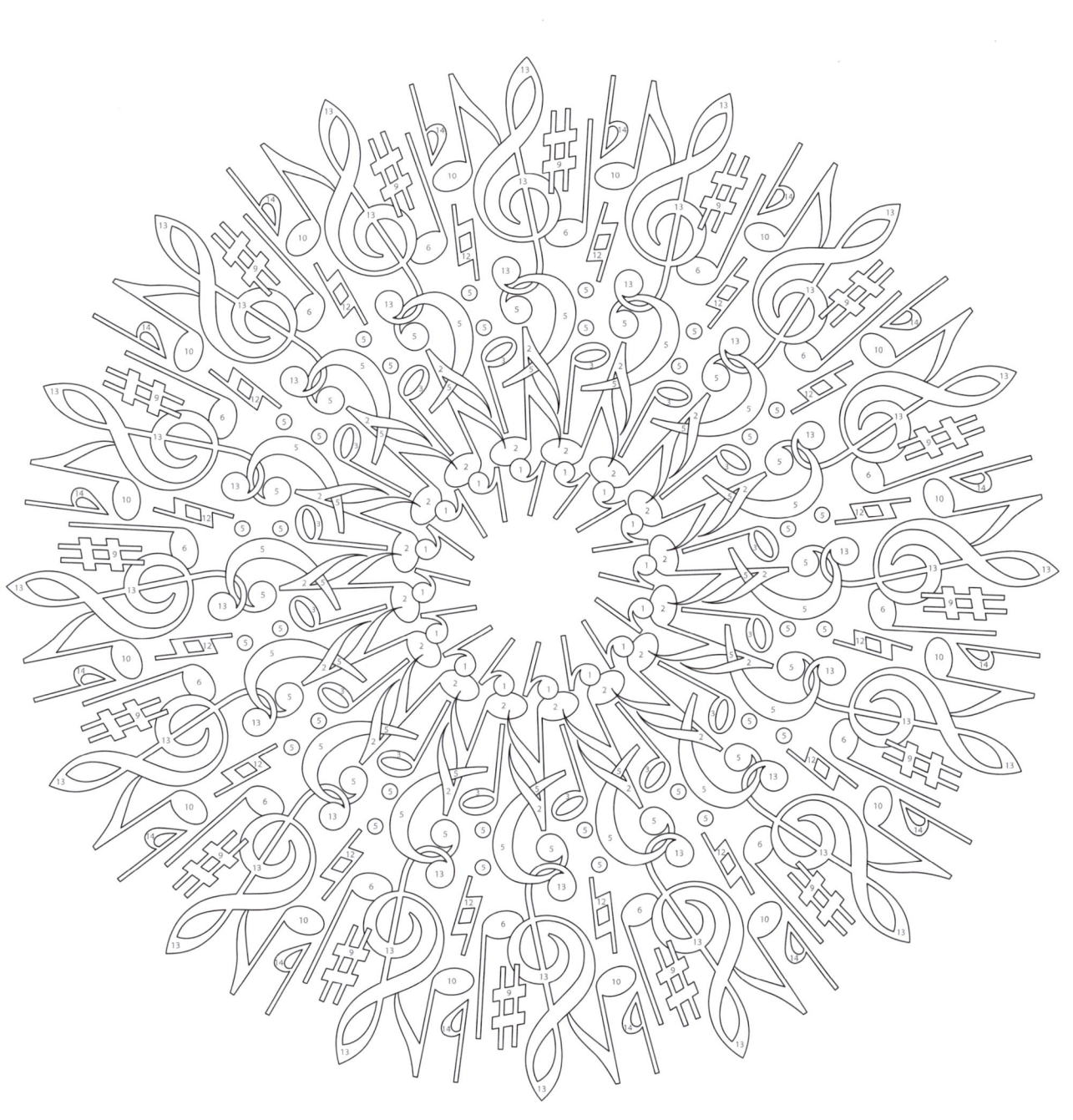

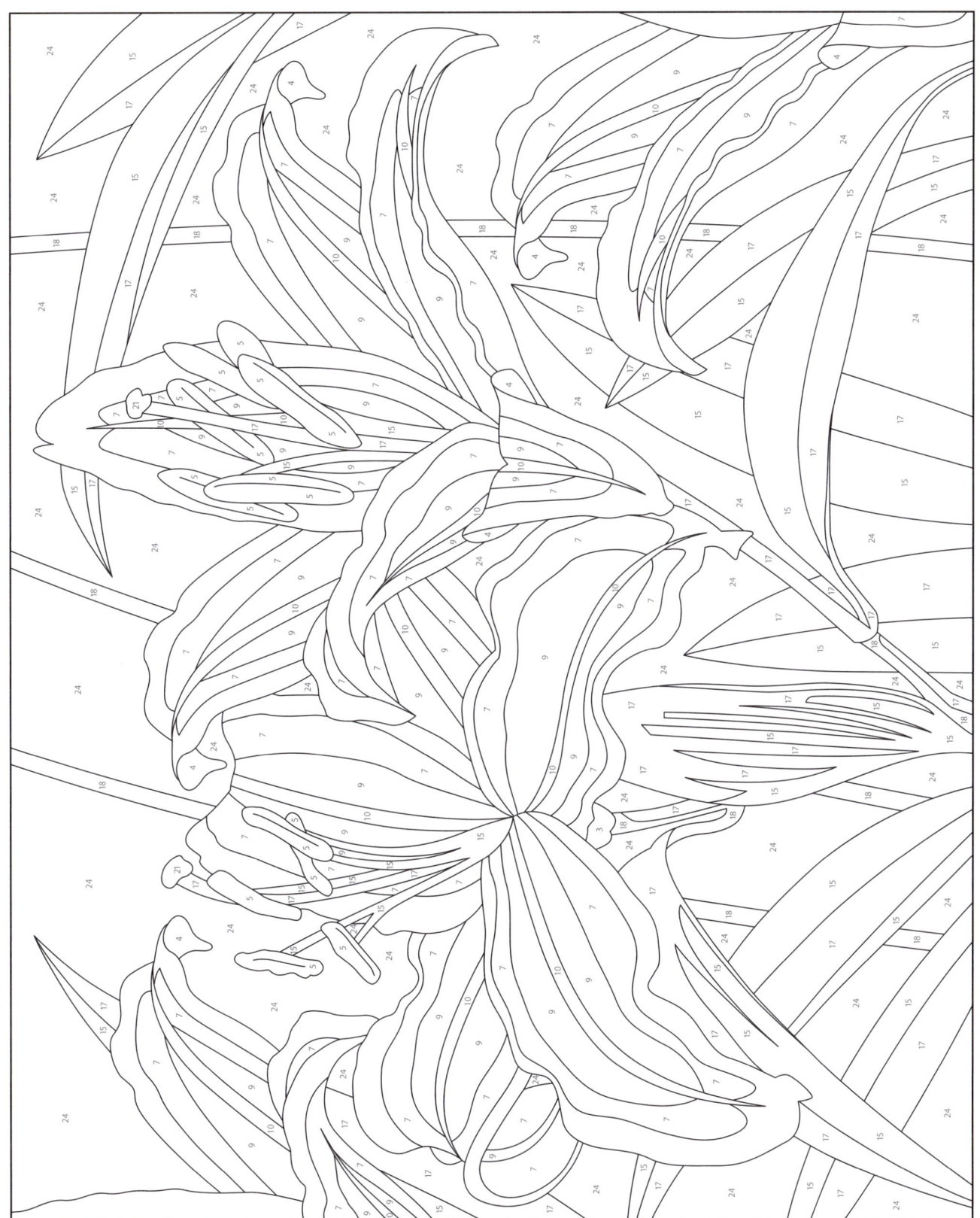

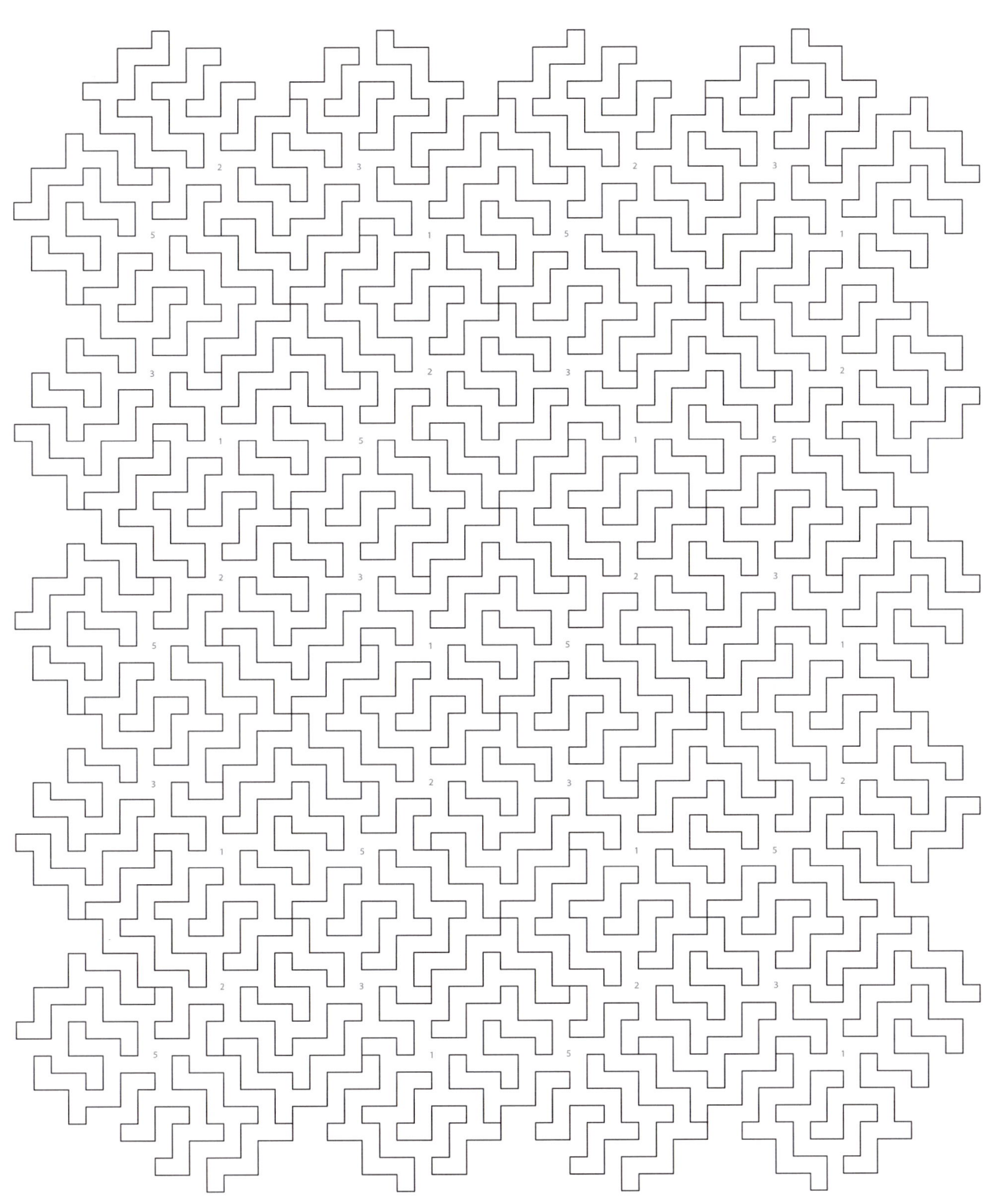

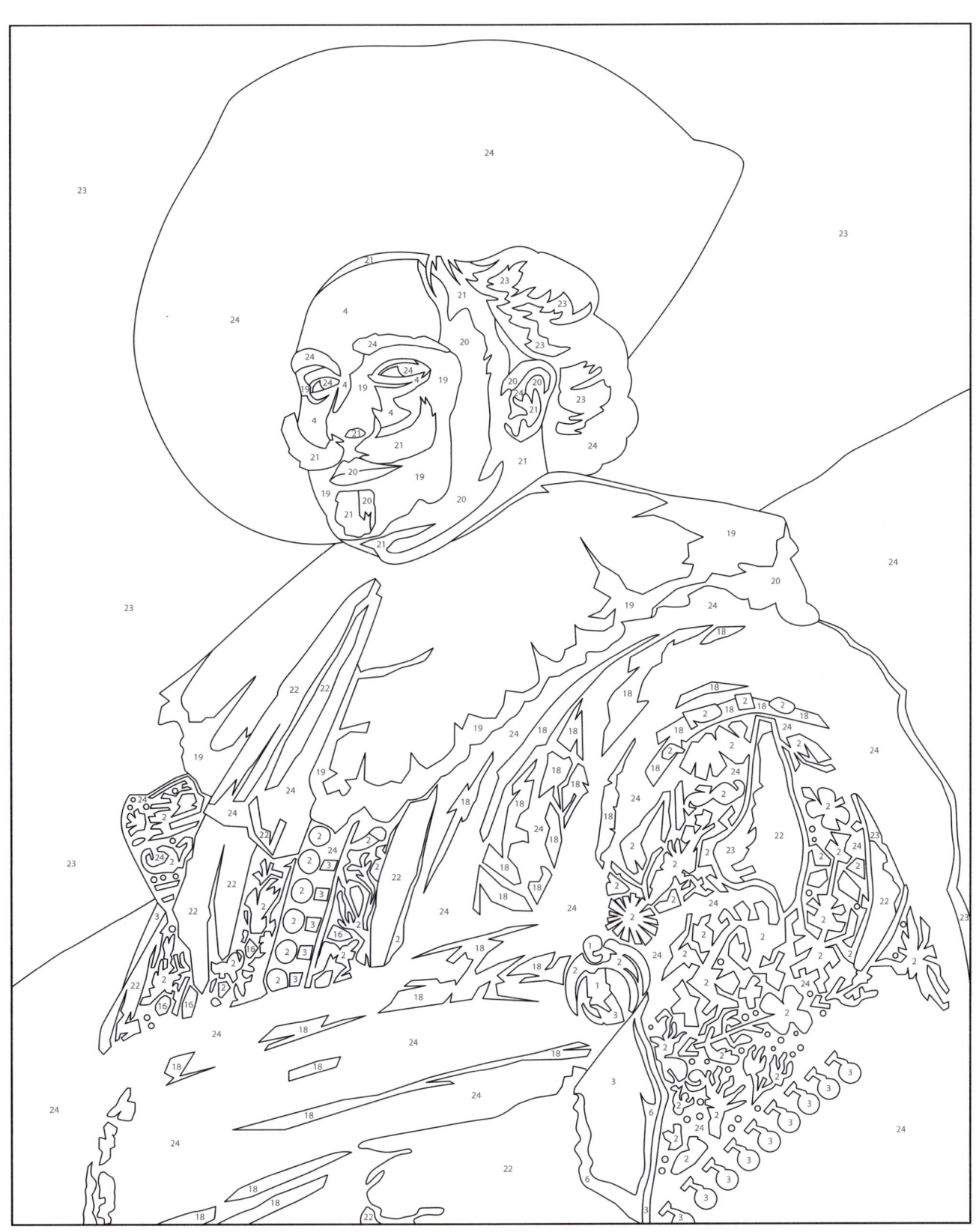

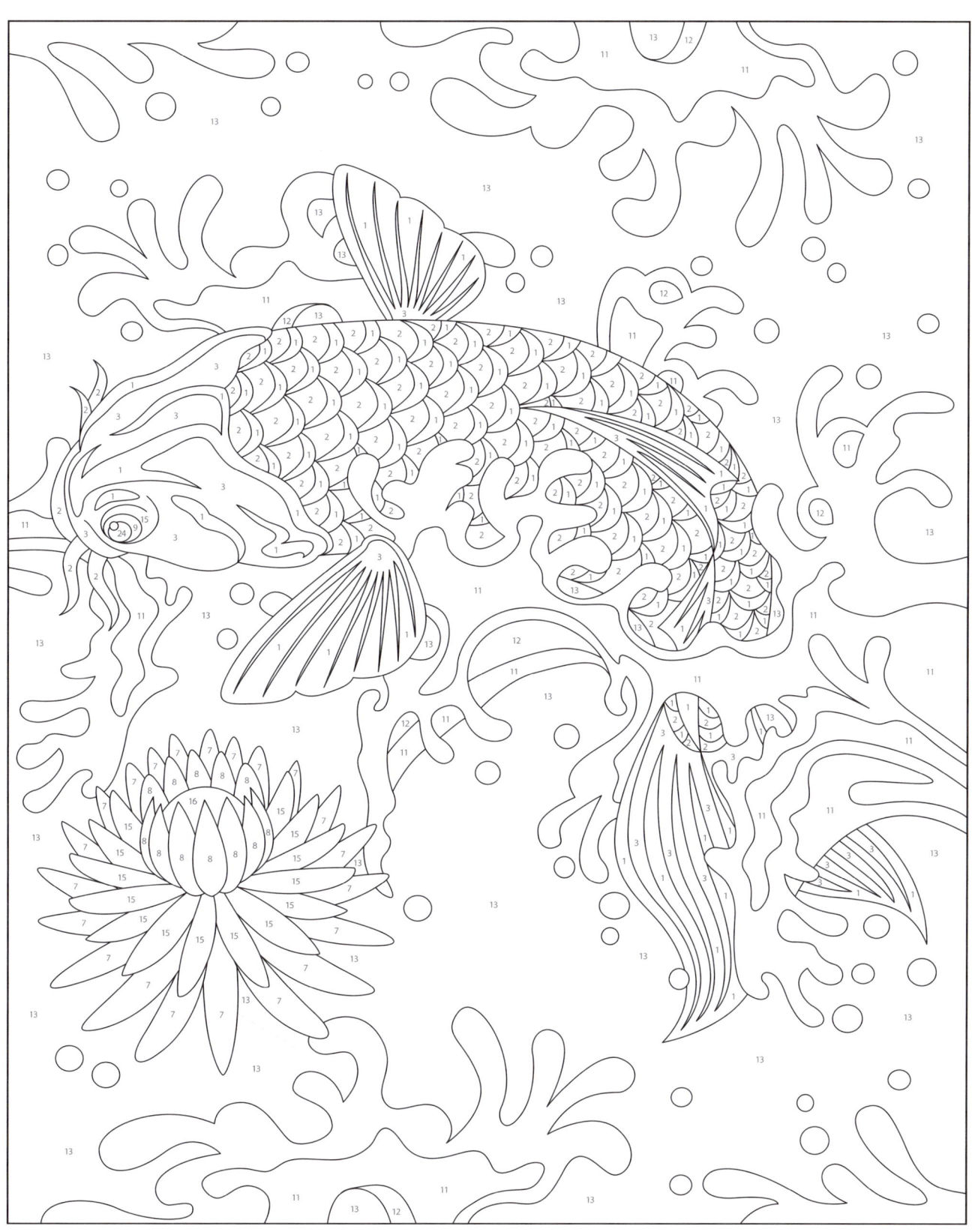

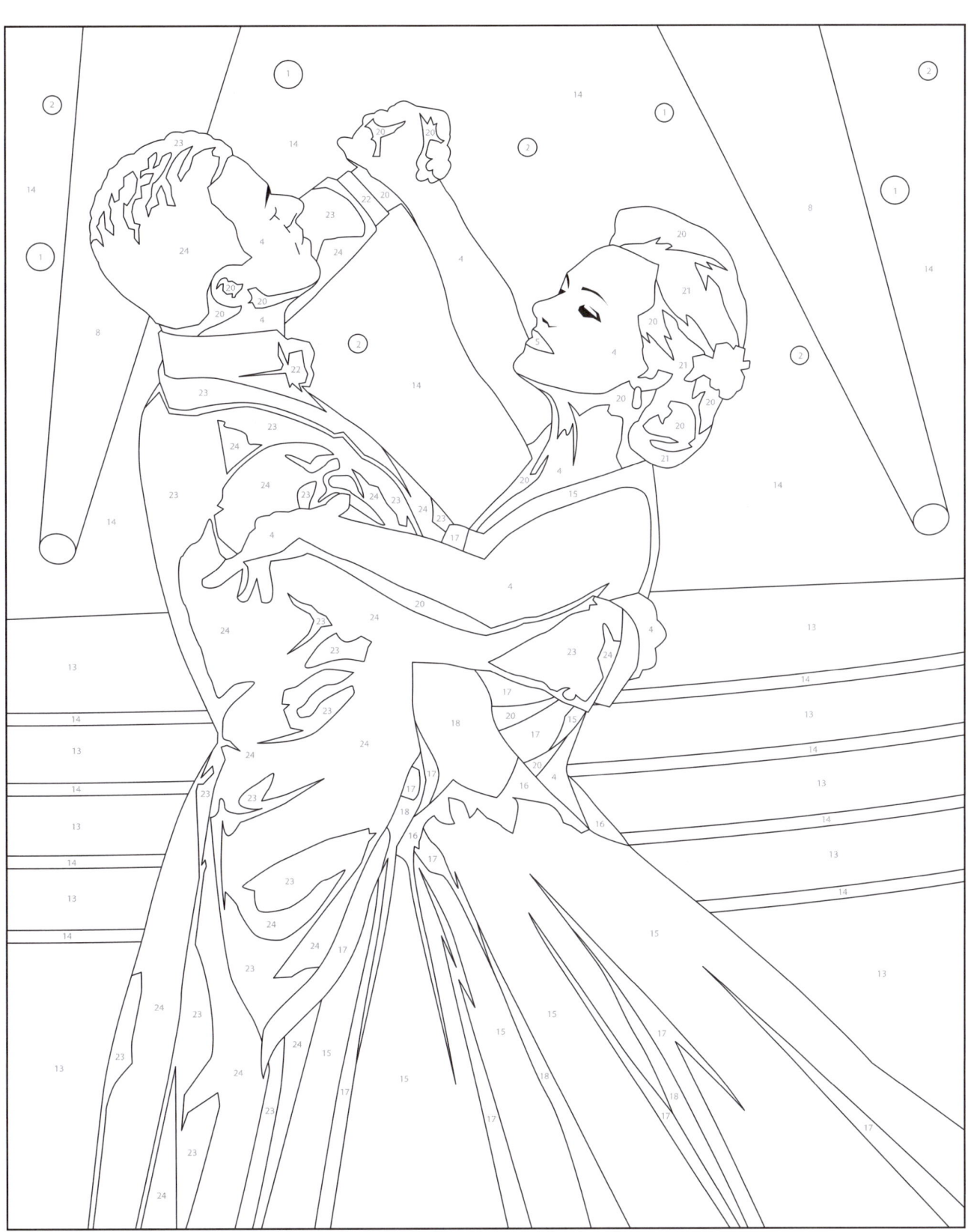

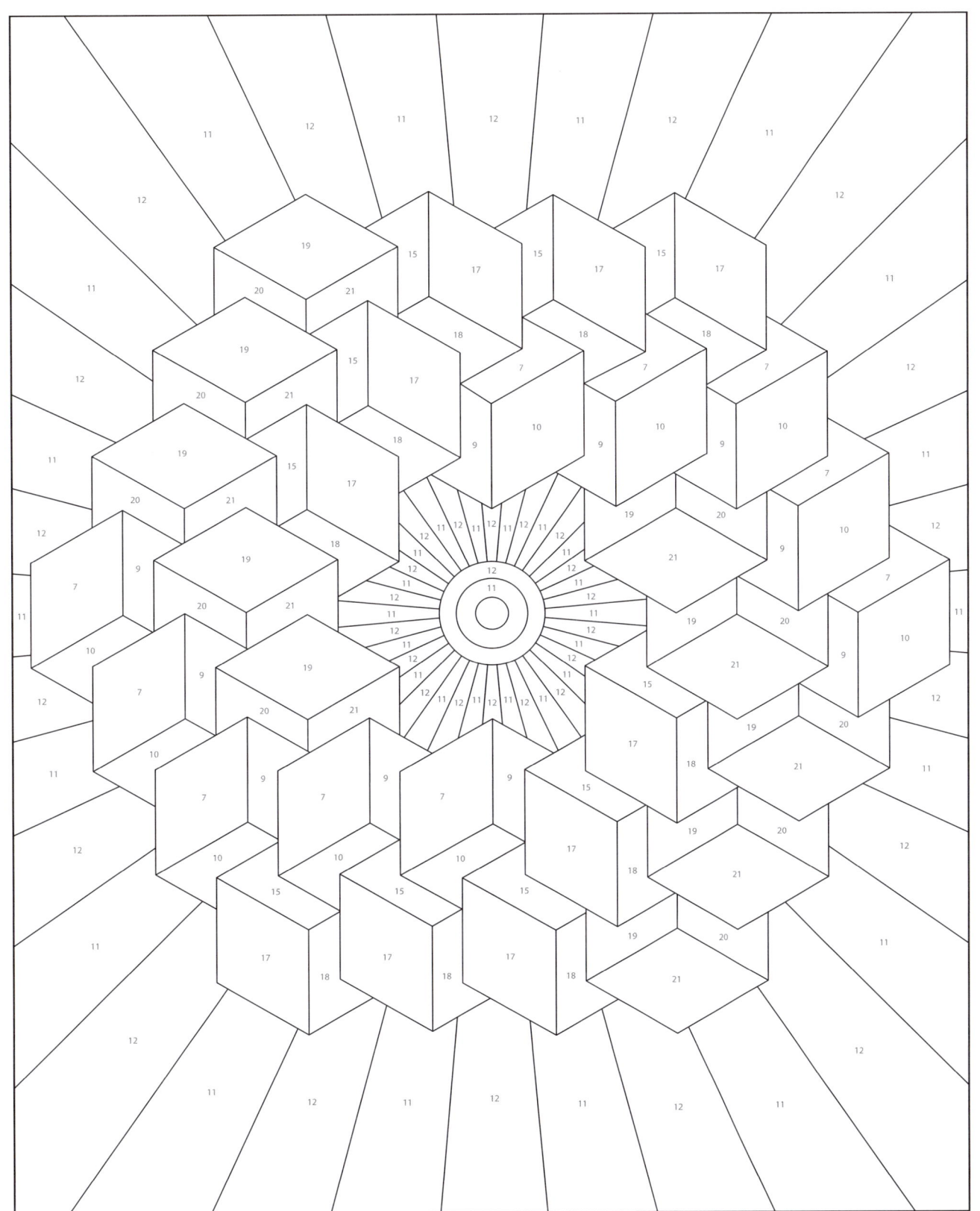

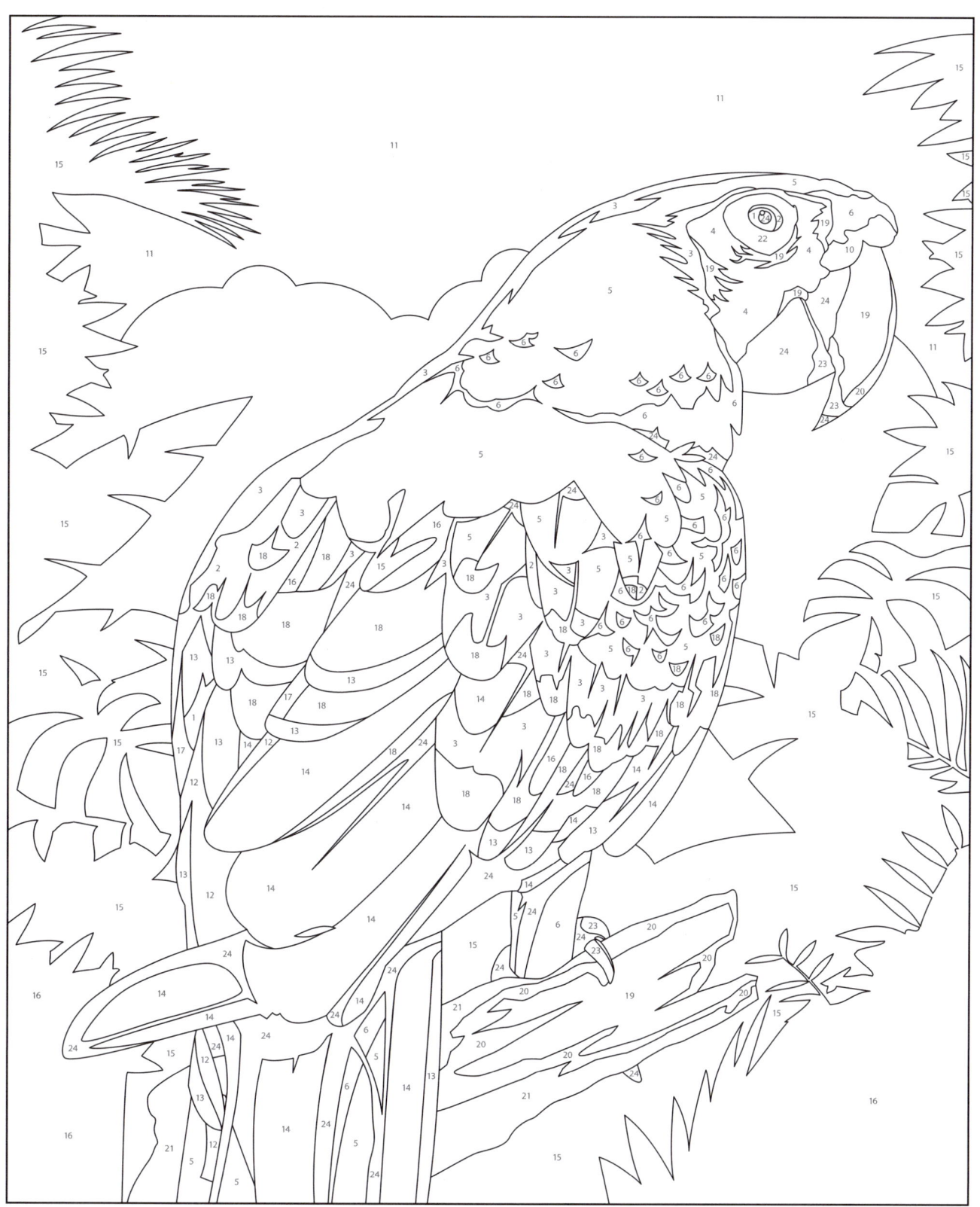

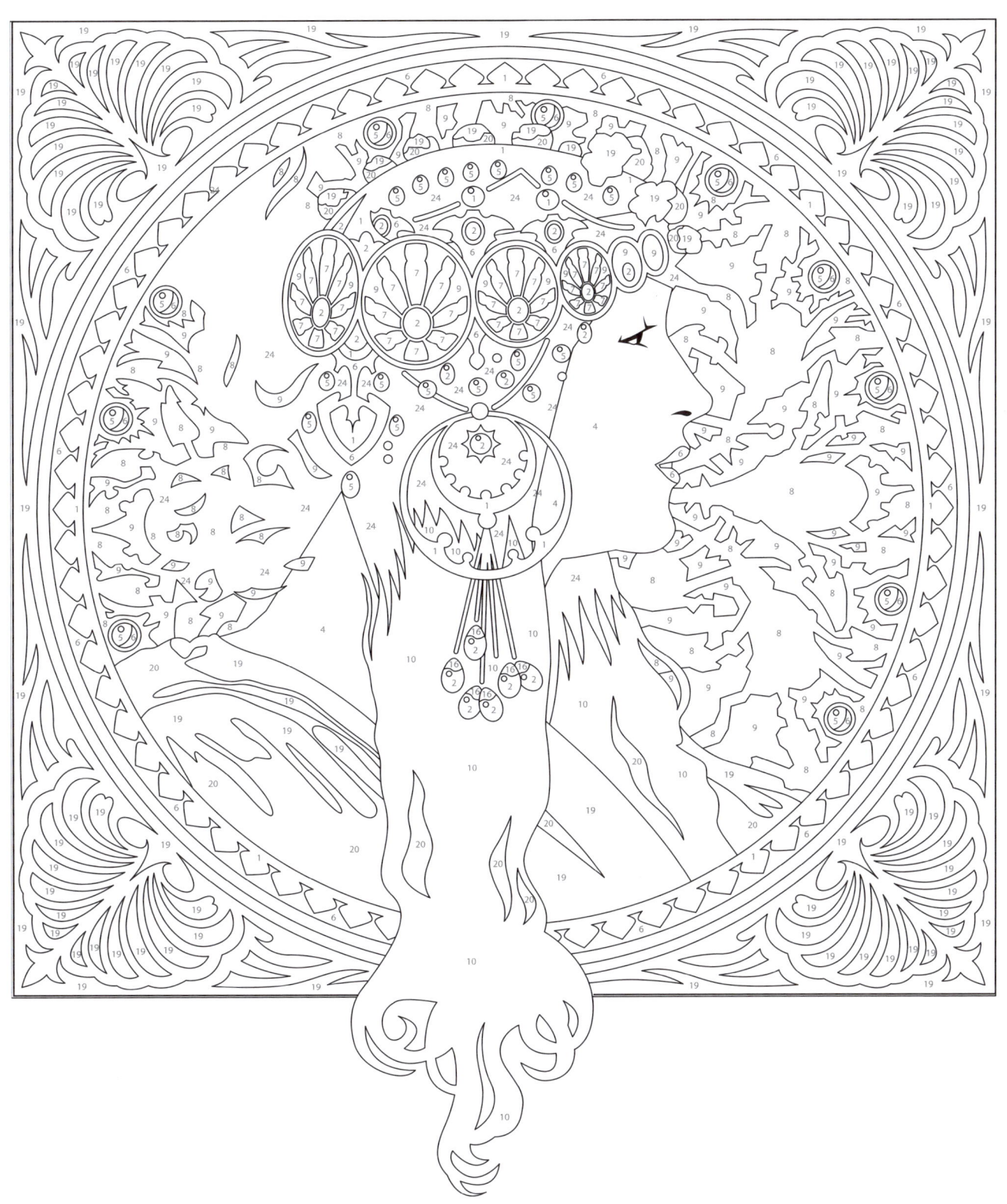

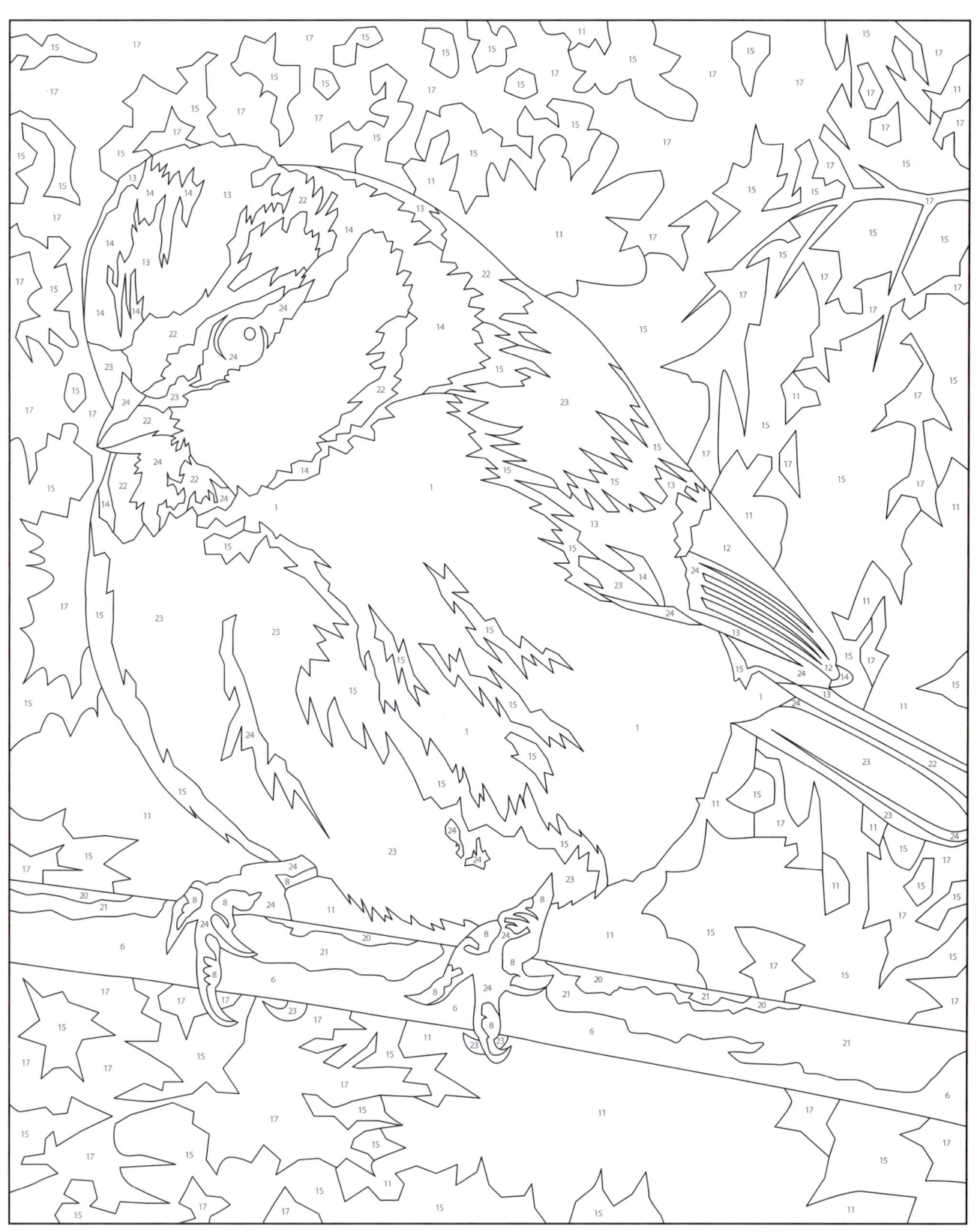

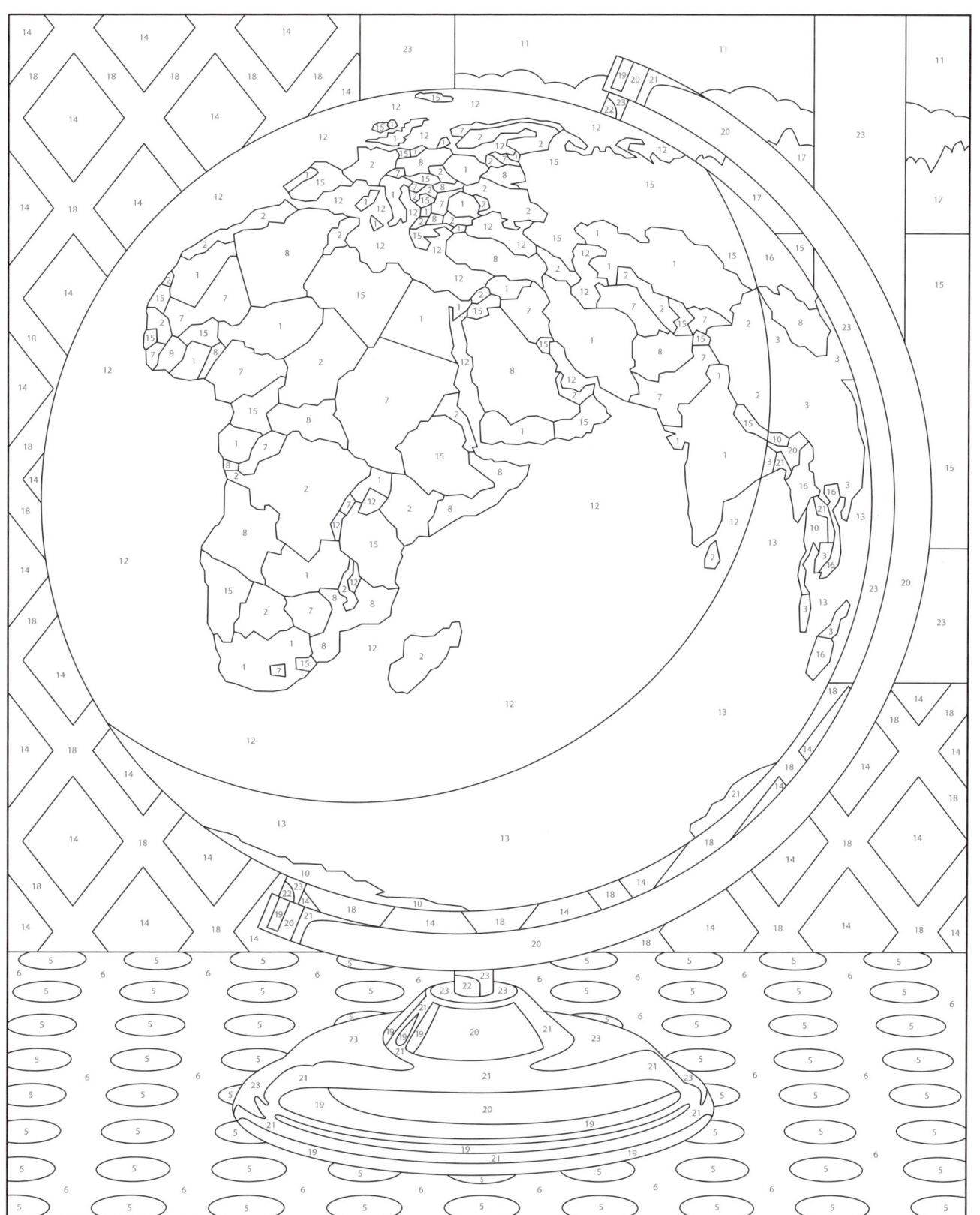

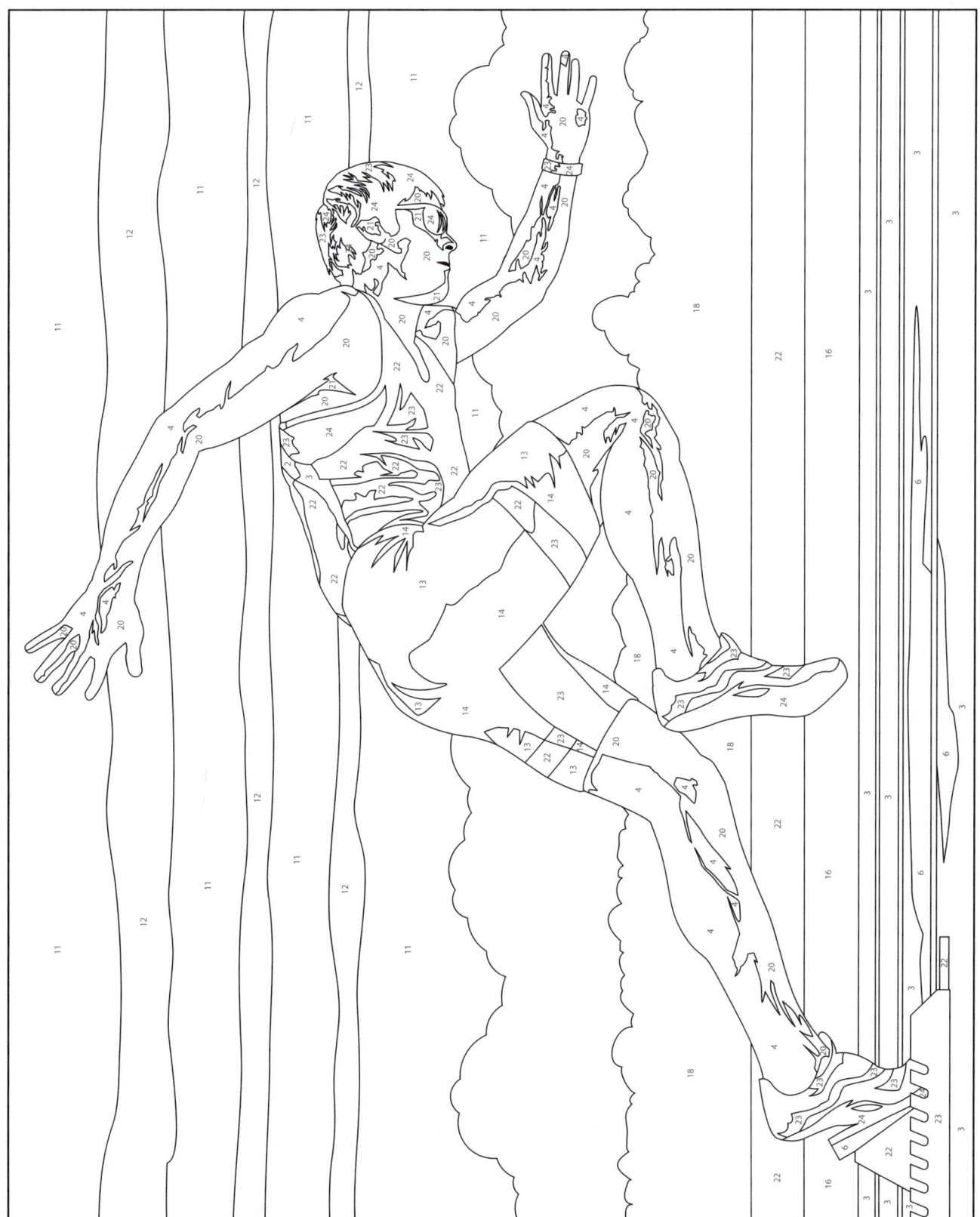

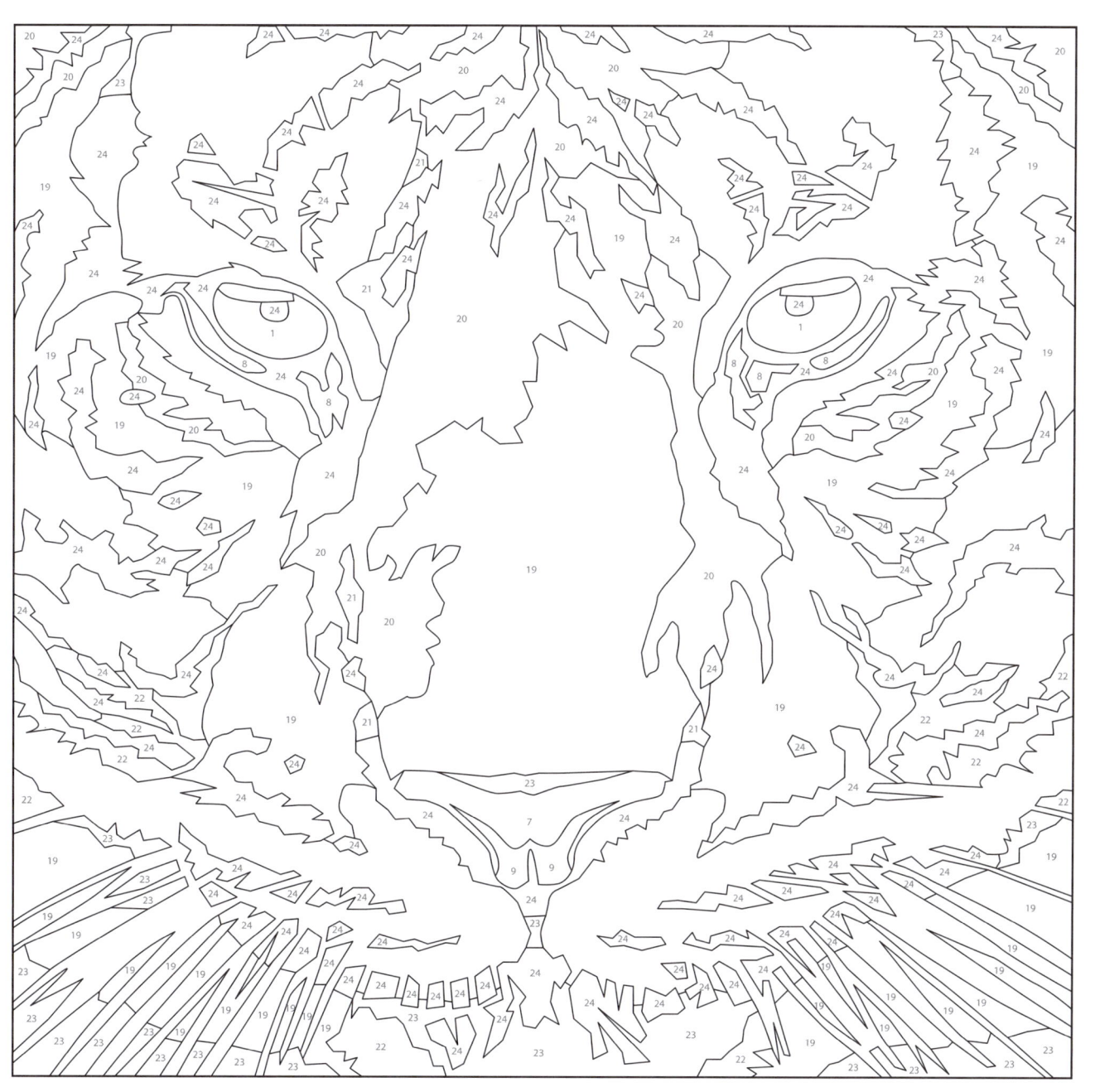

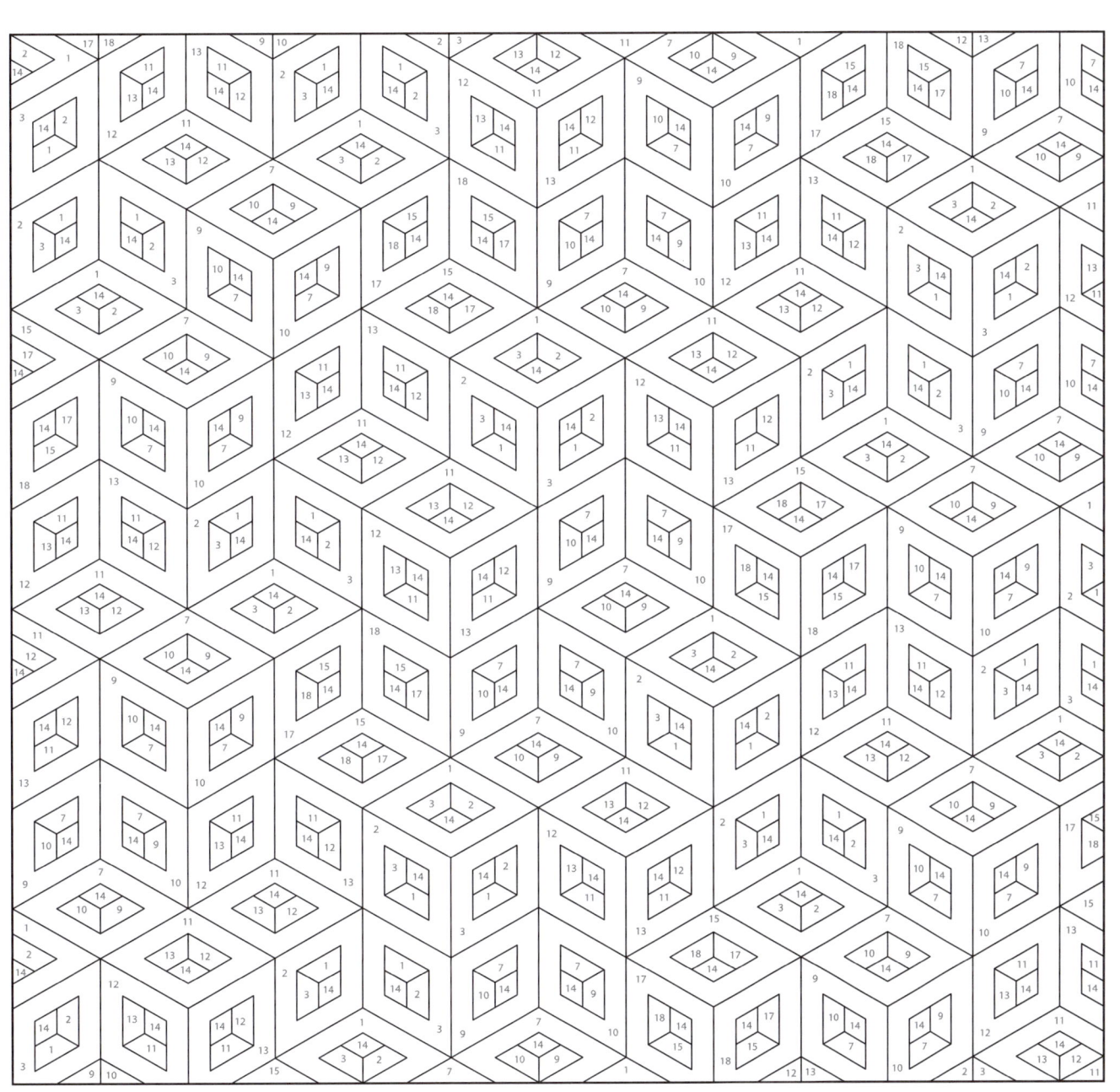

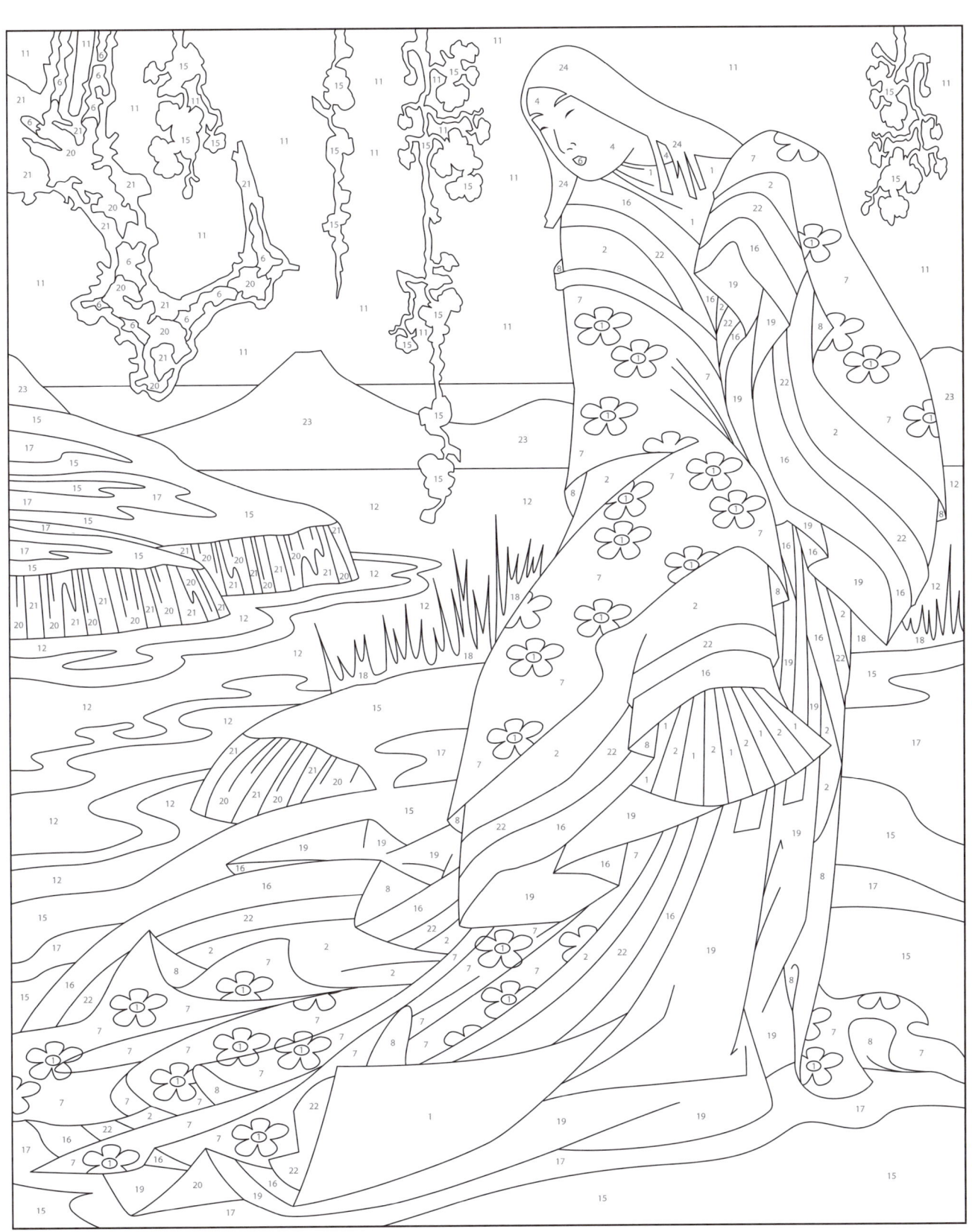

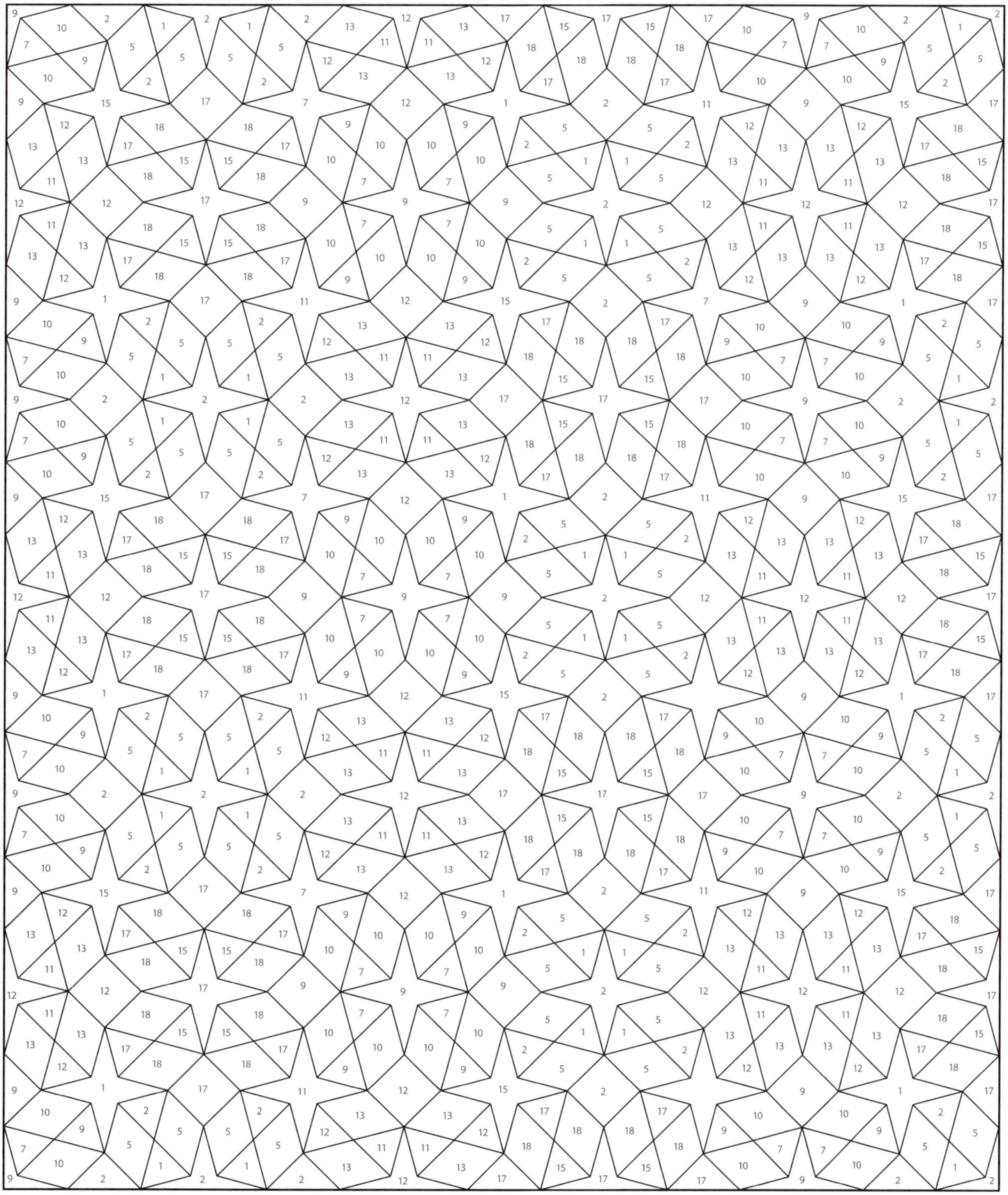

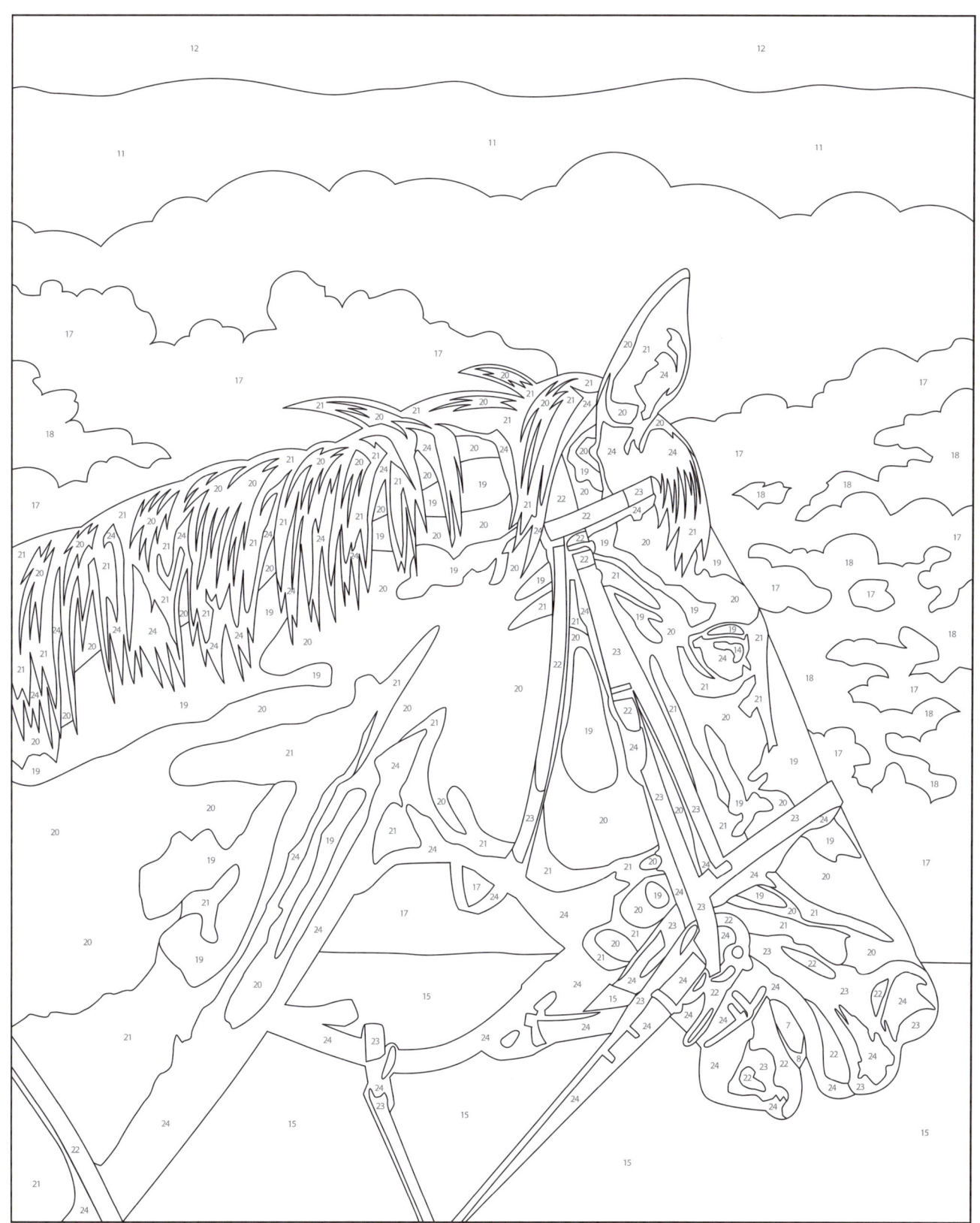

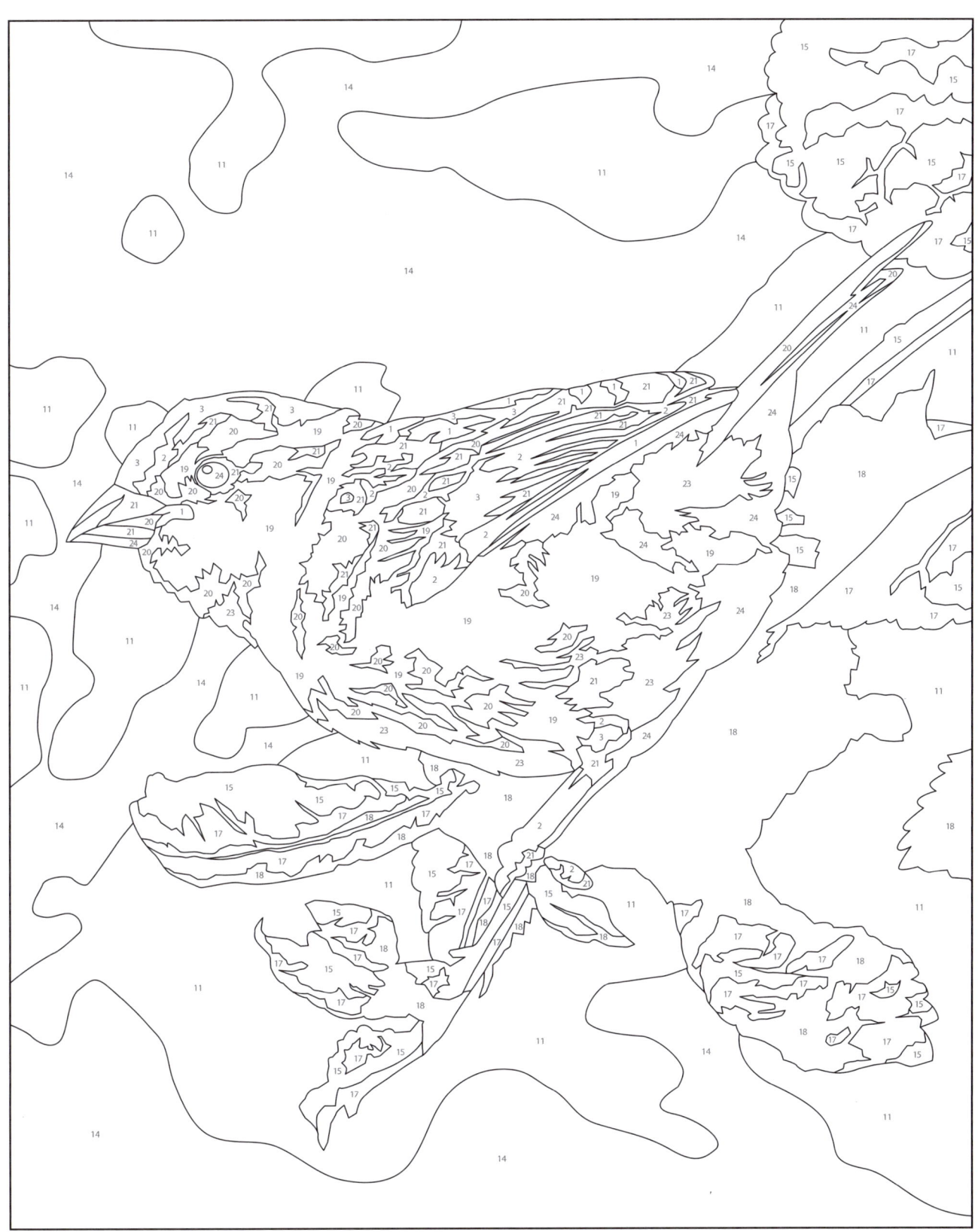

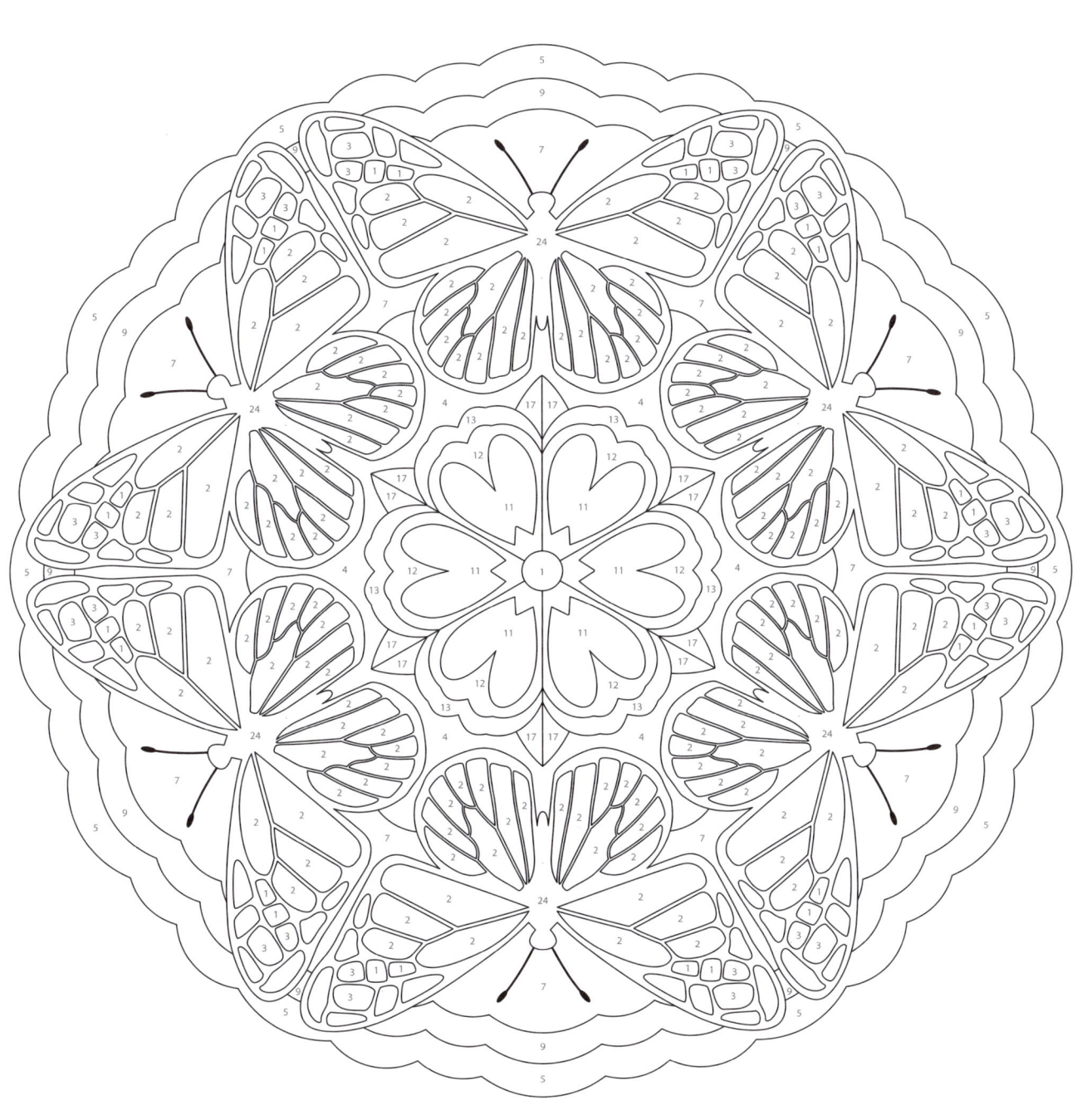

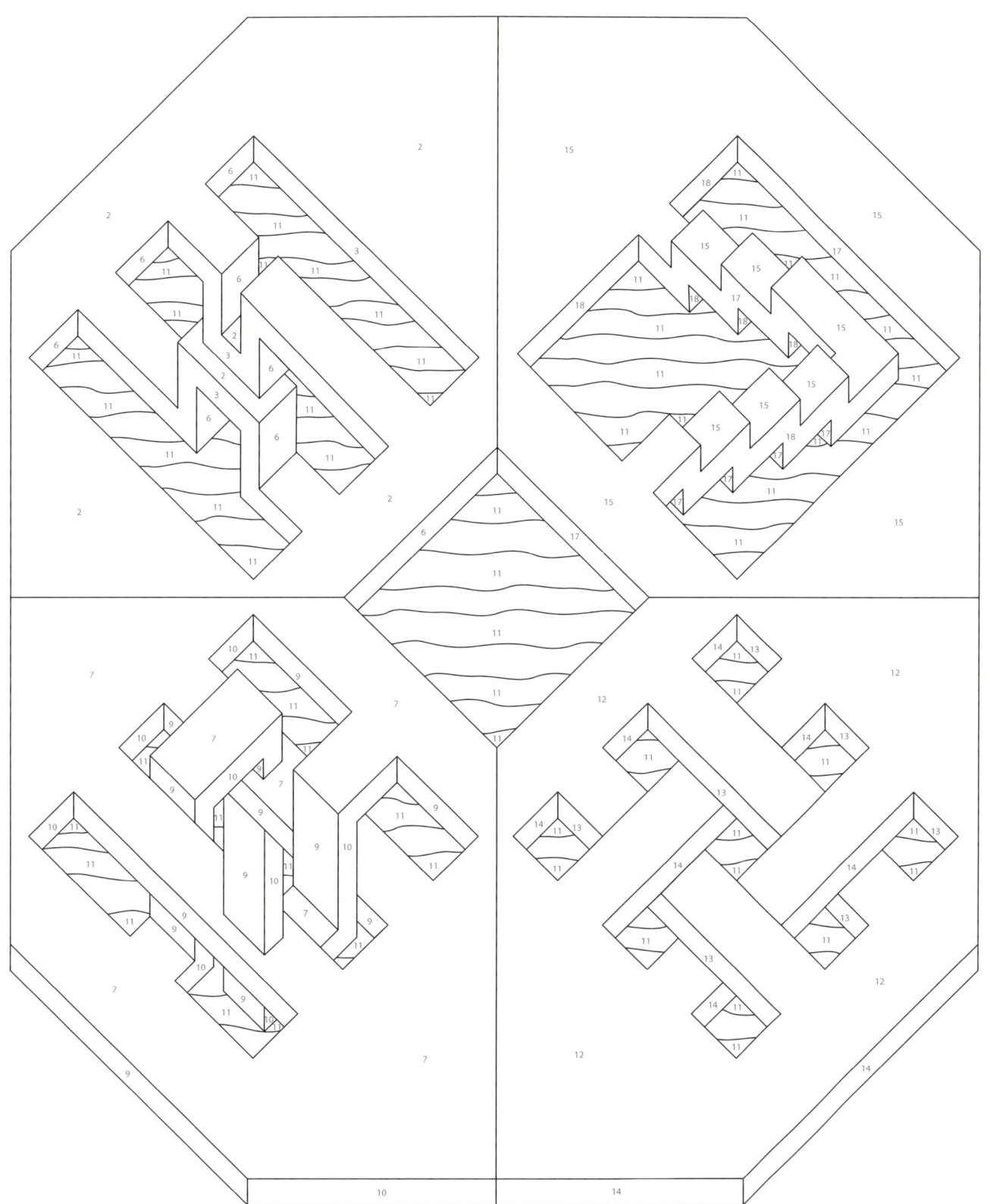

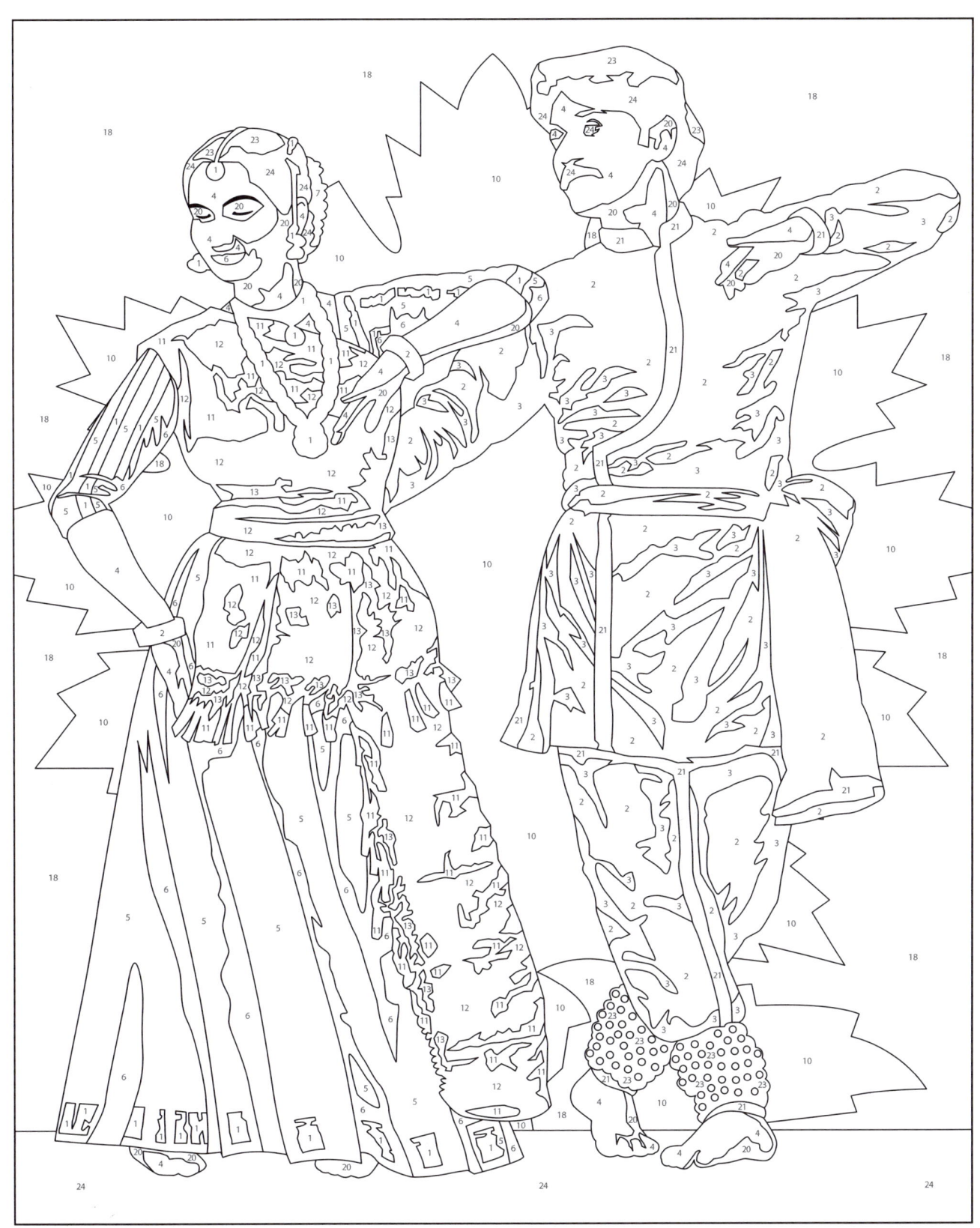

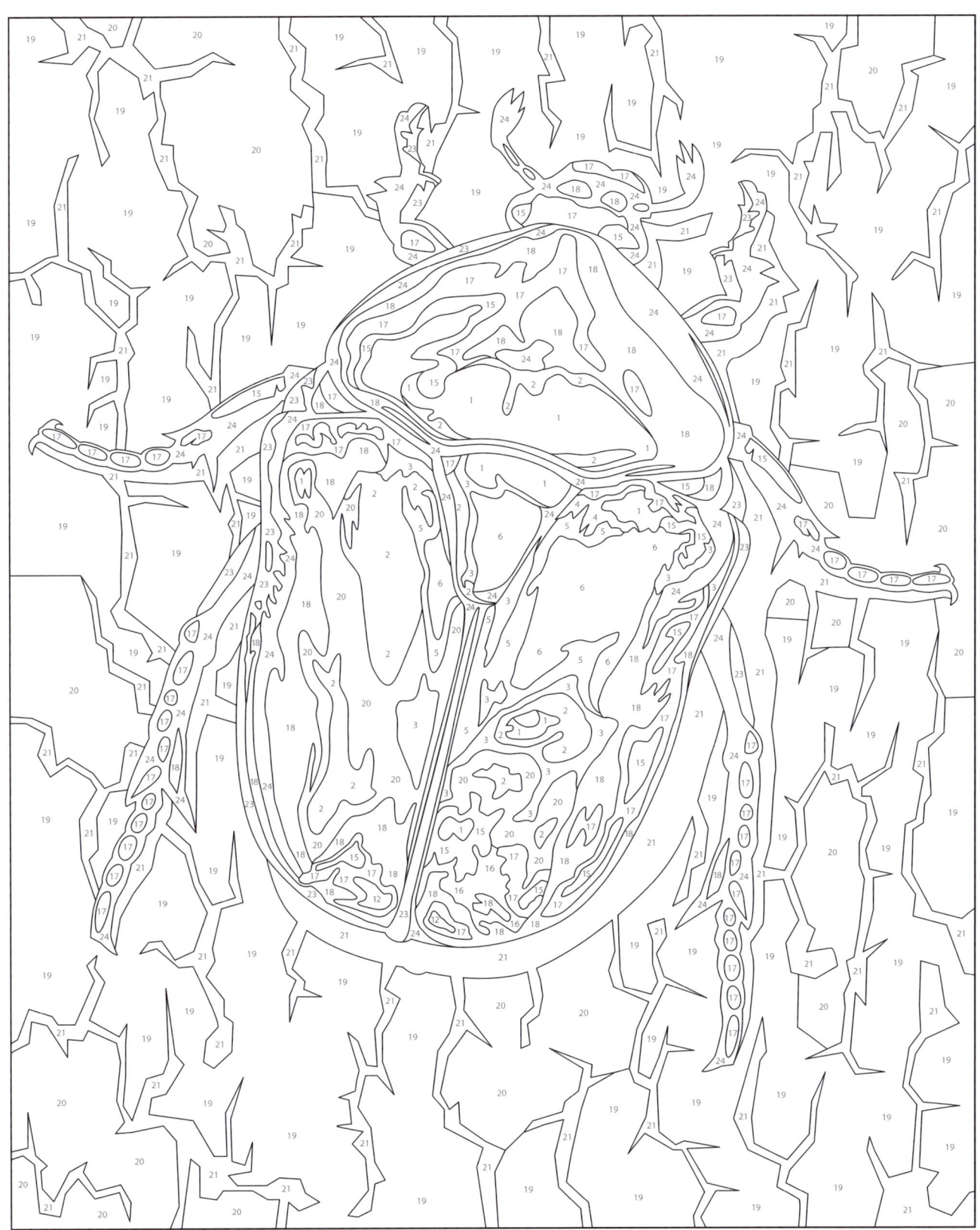

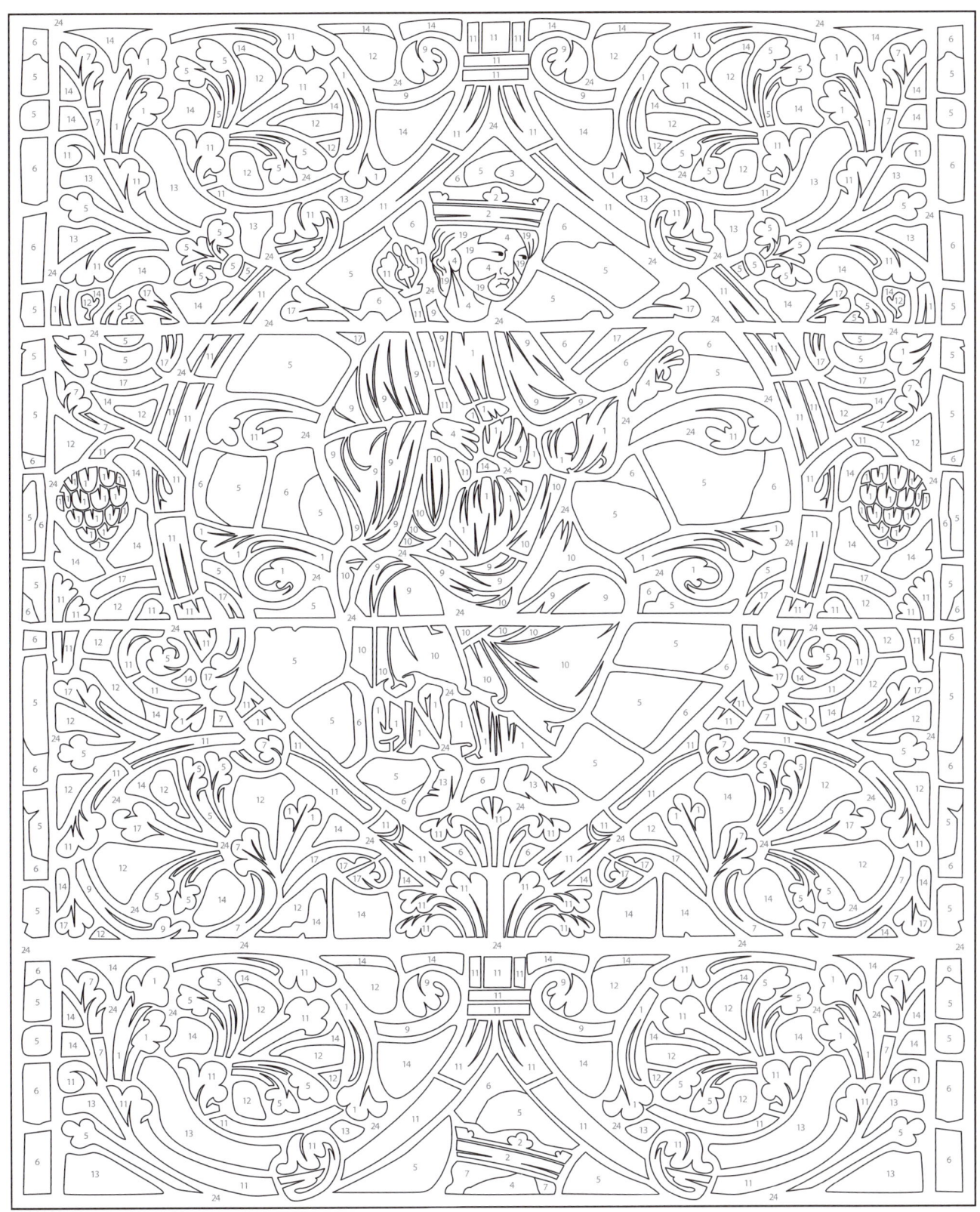

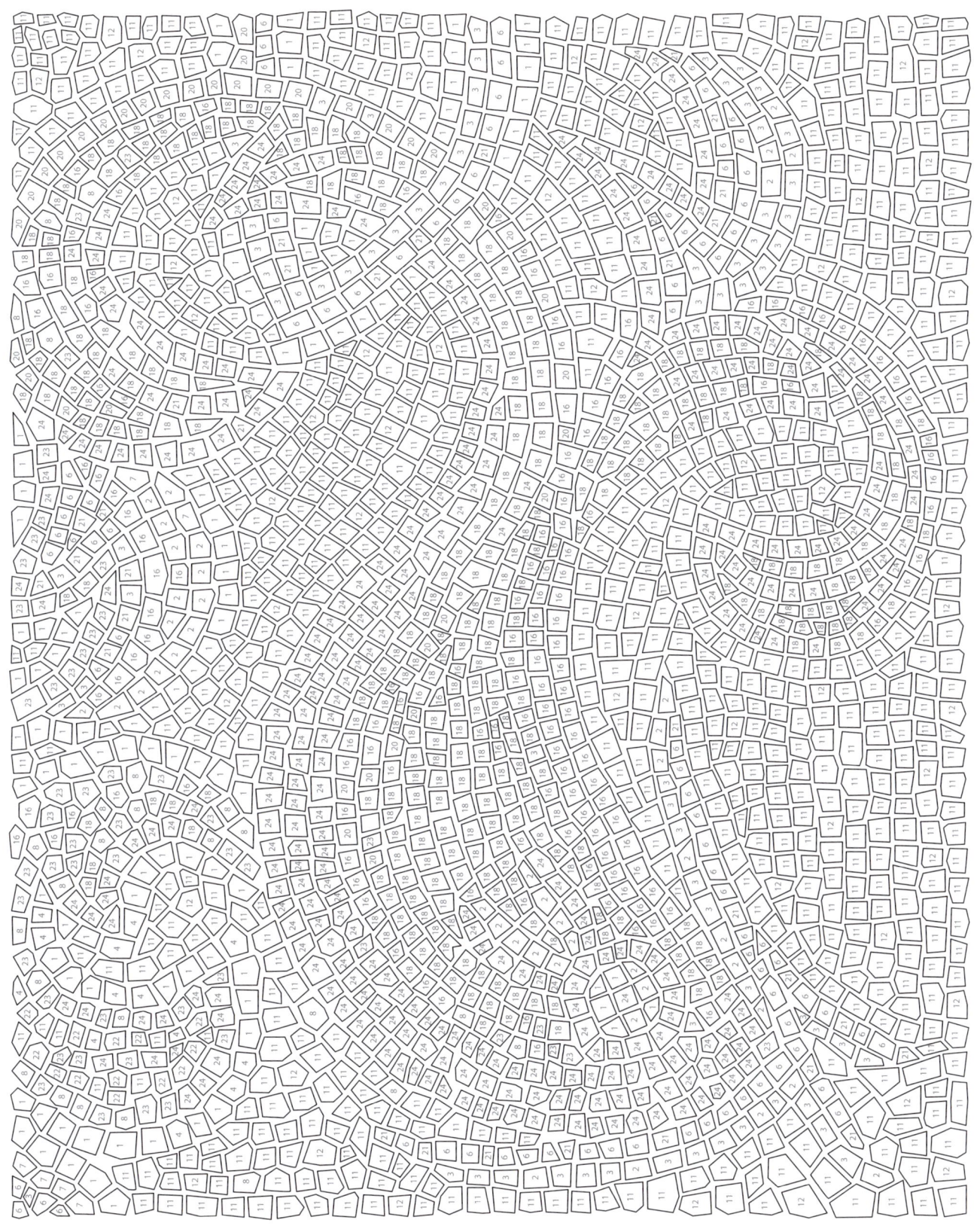

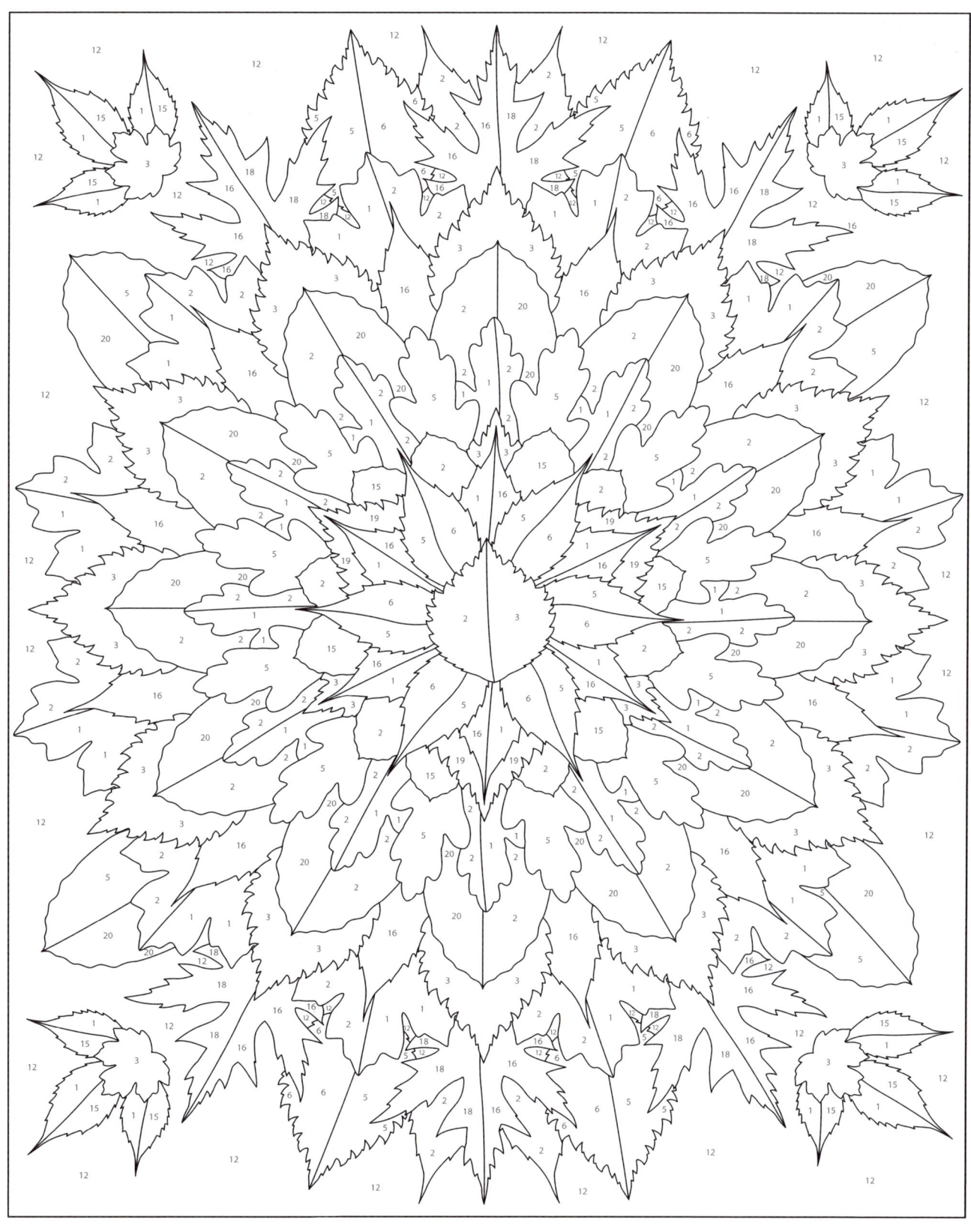

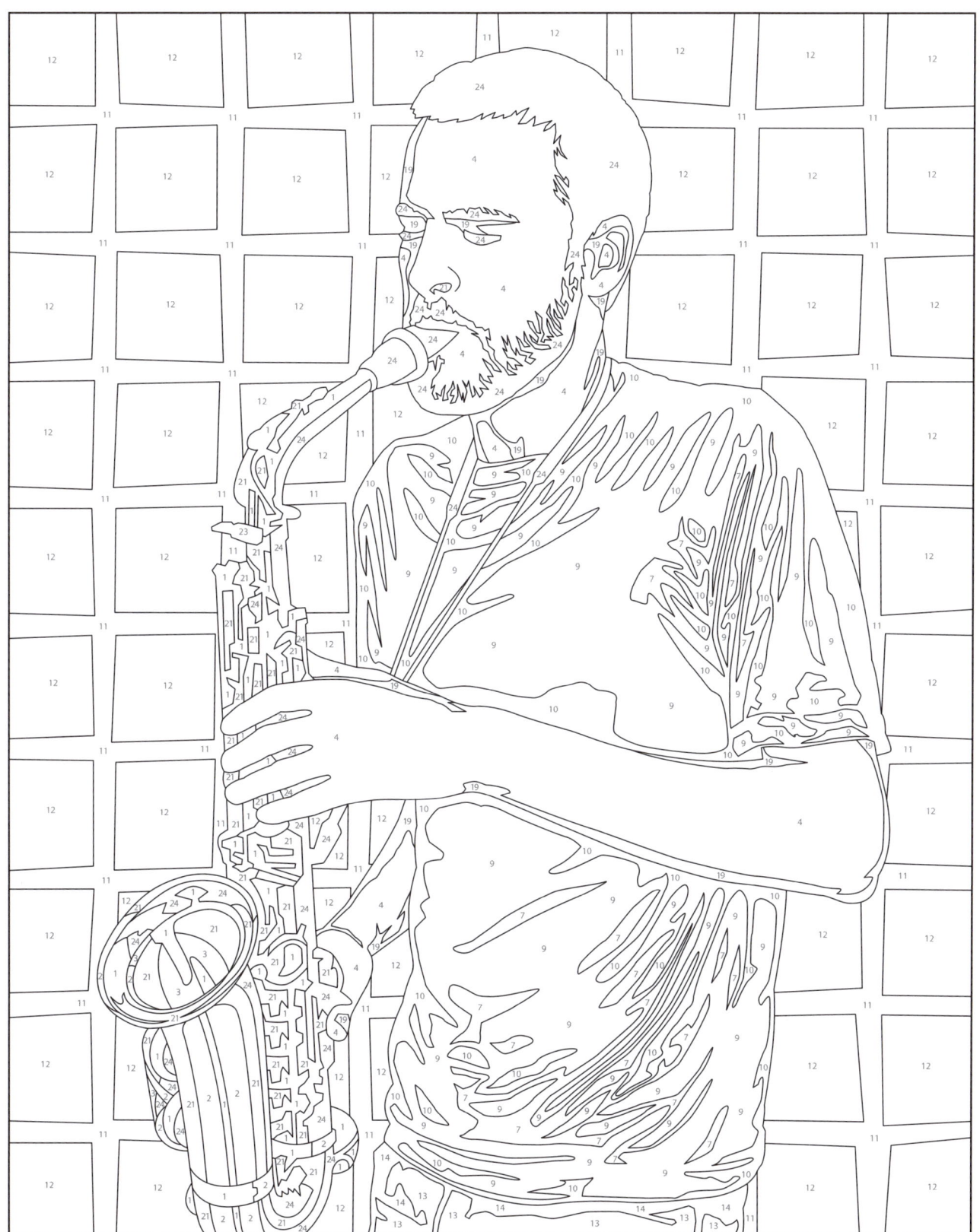

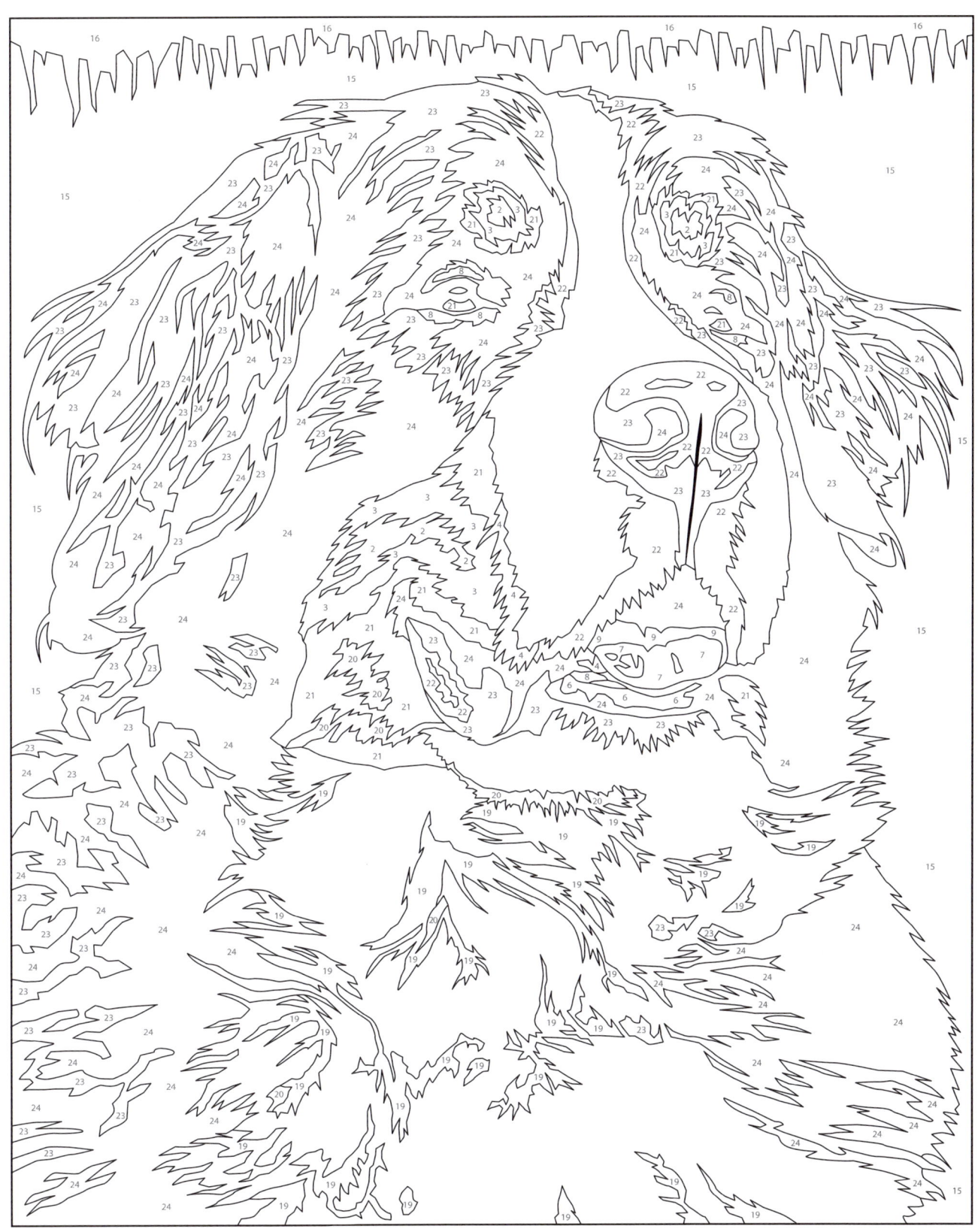

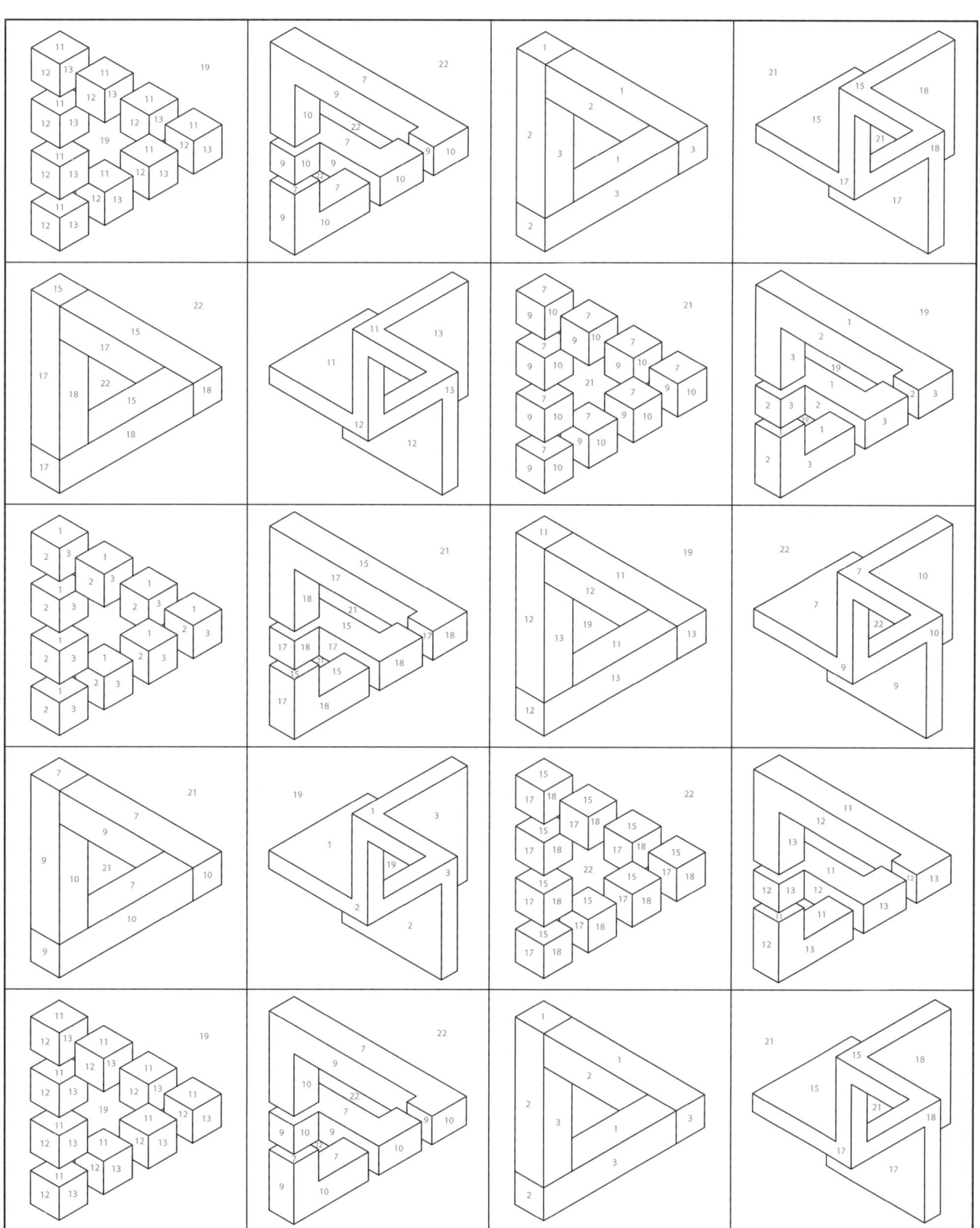

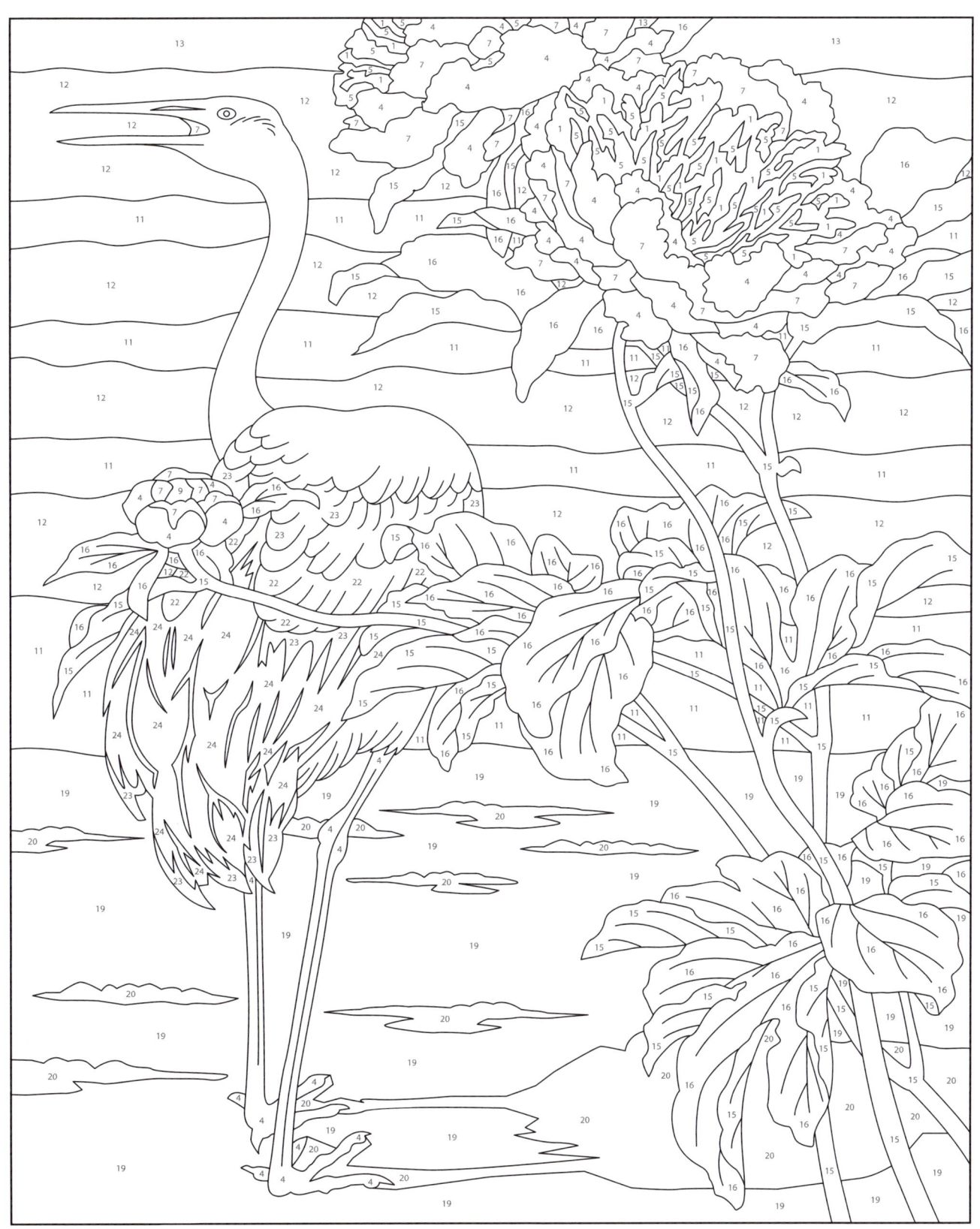

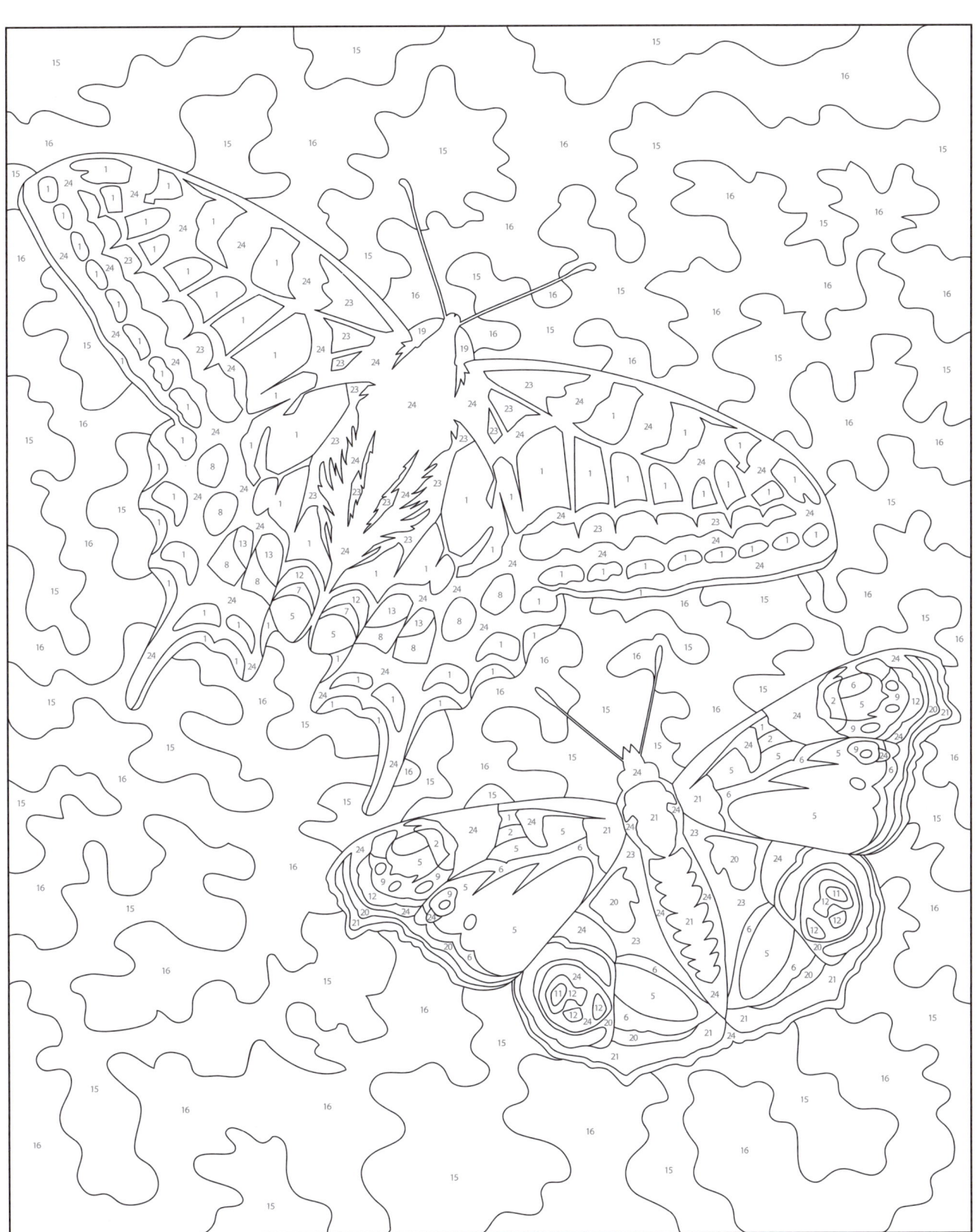

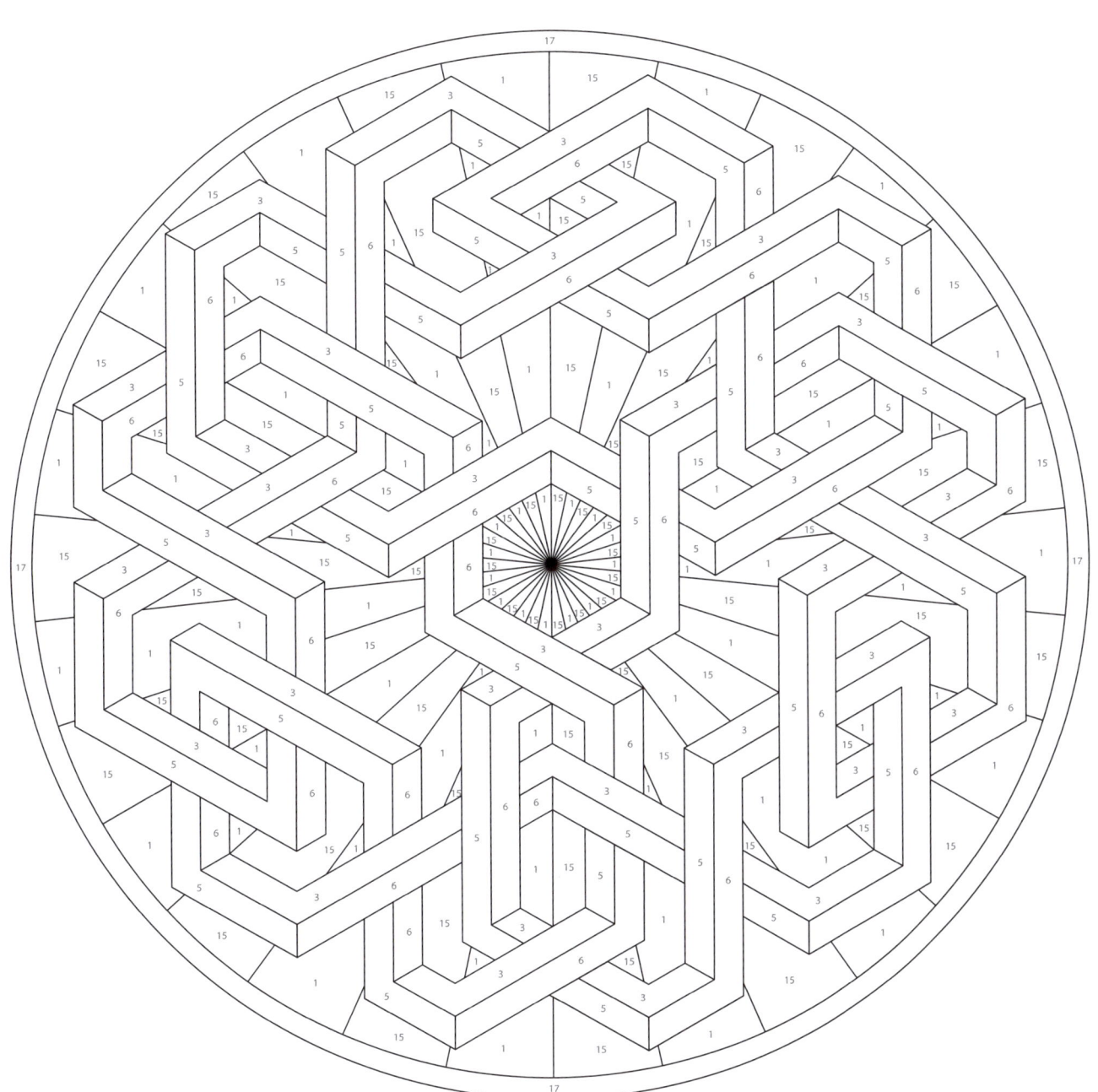

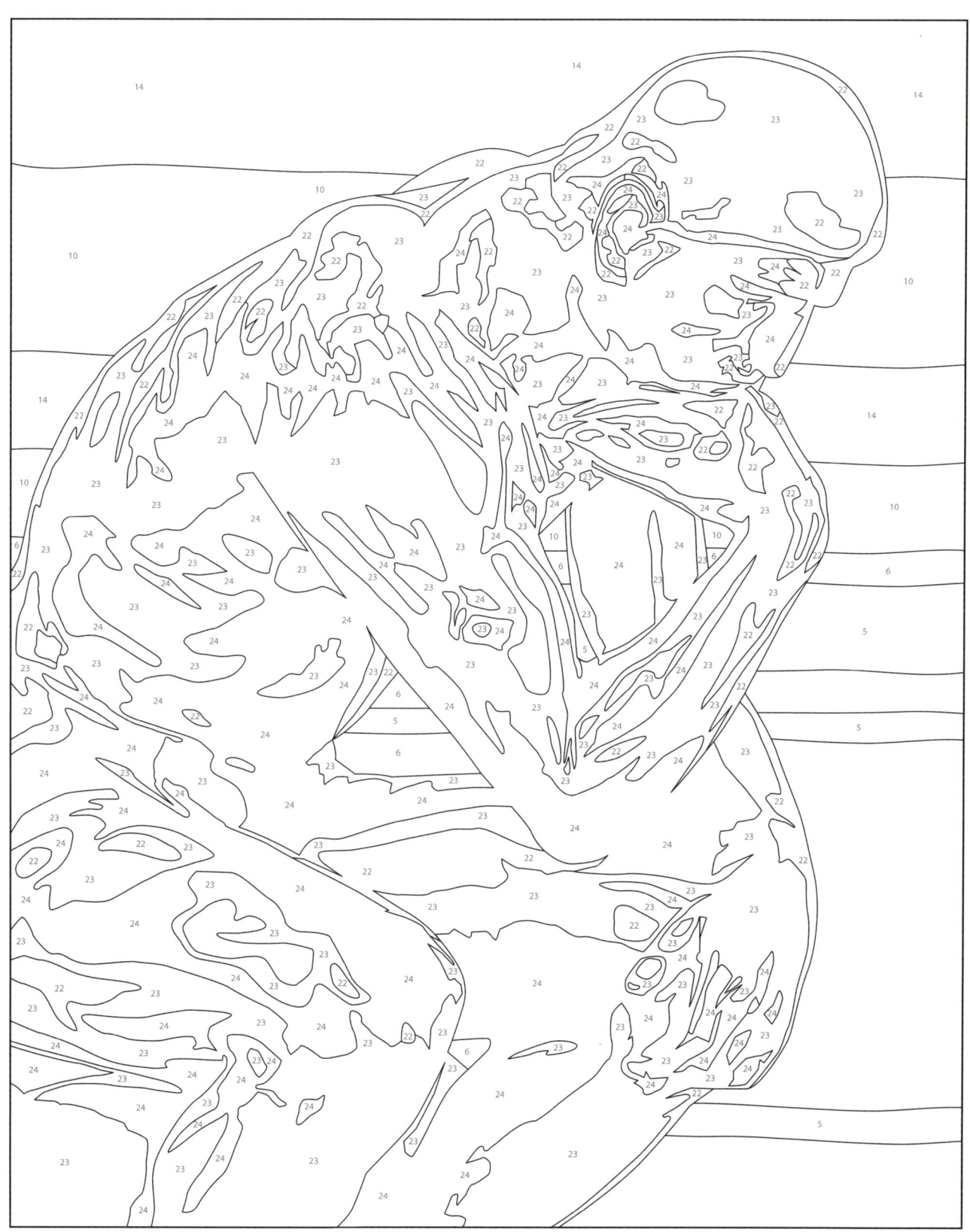

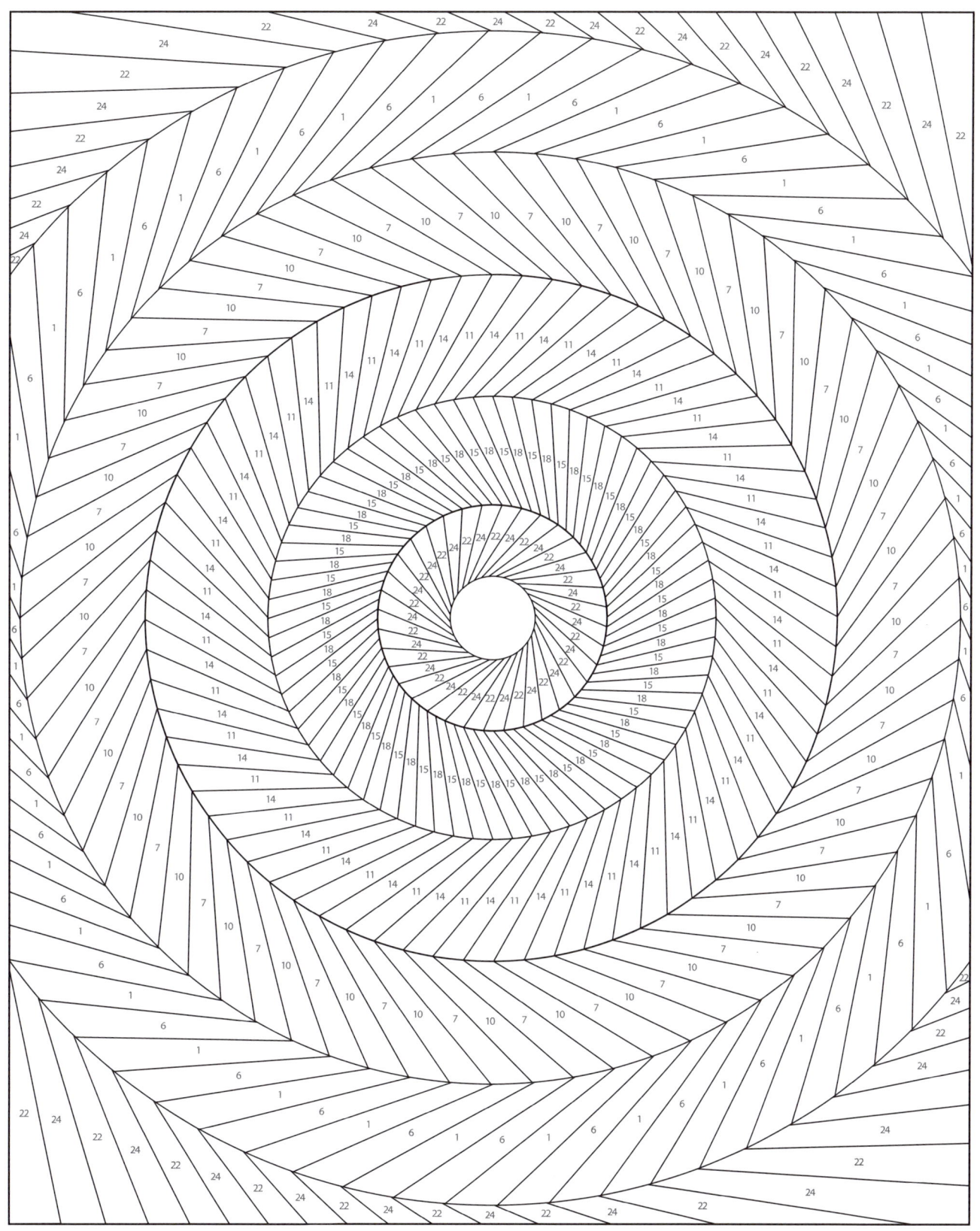

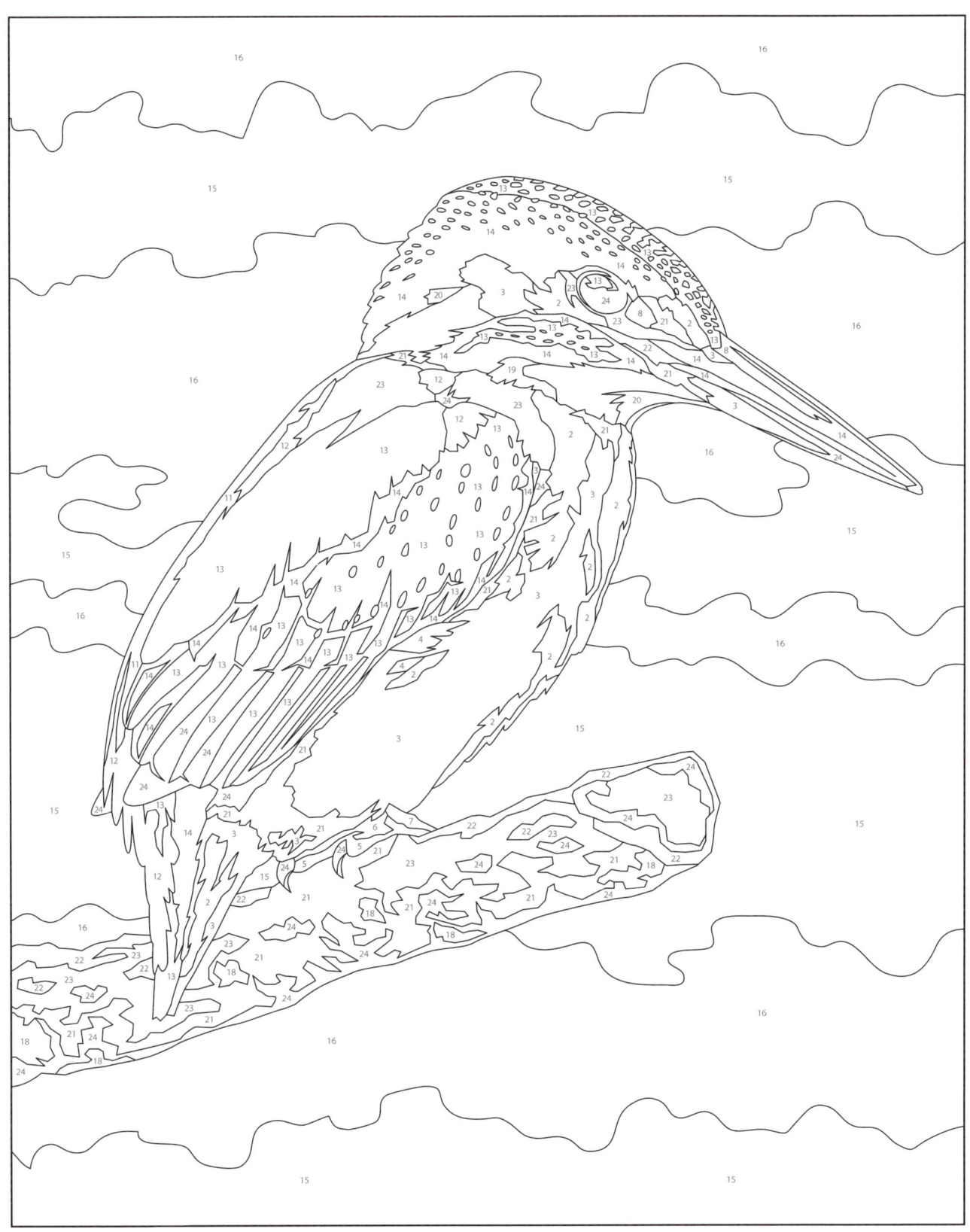

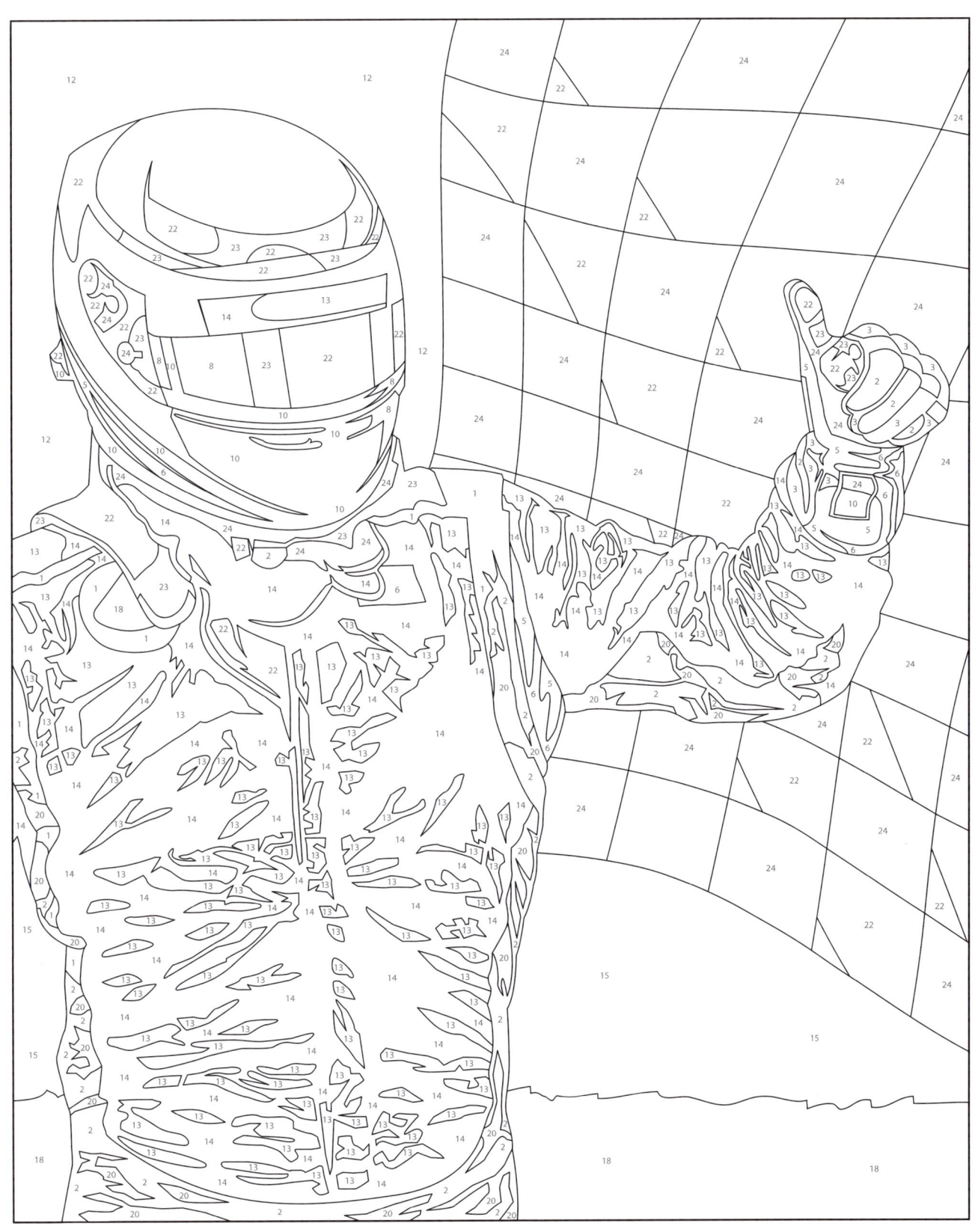